反復学習で得点力アップ！
新TOEIC®テストの英文法ドリル

小池直己

PHP文庫

○本表紙図柄＝ロゼッタ・ストーン(大英博物館蔵)
○本表紙デザイン＋紋章＝上田晃郷

まえがき

リニューアルされたTOEIC®テストや英検を受験する際、英文法の知識の実践的な運用力が極めて重要な位置を占め、試験の総合得点を大きく左右すると言っても過言ではありません。

今日の国際化社会、情報化社会において、英語は社会生活の中に広く浸透し、英文を読んだり、英語のニュースや音楽を聴いたり、英文でEメールを送ったりする機会が多く、英語が苦手であると、様々な障害に直面することになります。

逆に英語が得意であれば、TOEIC®テストや英検を受験しても首尾よく成功を収め、就職や昇進、海外留学、海外派遣の際にも有利になり、国際的な舞台で活躍することができ、夢は無限に広がっていきます。

英文法の基礎知識を実践的に運用する能力を習得していると、英会話を短期間で集中的に身につける際に極めて効果的です。英会話に使われる構文を理論的に分析して習得できるので、1つの構文を幅広く応用することができるようになります。英文法を体系的に理解することが英会話上達への最短距離であると言えるでしょう。英語でEメールを書く場合でも同じことが言えます。文法

的に間違った文章では相手に自分の意思やビジネスの用件を正確に伝えることができず、取り返しがつかない大きな誤解を生じることもあります。

　本書においては、一般的に堅苦しいと考えられている英文法の実践的な知識を、ゲーム感覚で、しかも1日1時間×5日間という短時間で習得できるように構成してみました。

　問題の形式はすべてマークシート形式（もっとも適切な選択肢を選んでください）とし、左のページに問題を、右のページに解答、解説、訳文を載せ、見開き2ページの構成としました。TOEIC®テストの試験形式がマークシート形式であることと、問題を解きながら即座に知識の確認ができるという能率的な点、ゲーム感覚で気楽に短時間で英文法の基礎知識の実践的運用力を効率的に習得したいという読者の要望などを考えた場合、本書は今日の社会的ニーズに十分応えることができると考えております。

　本書は、1つのドリルにつき1日1時間のペースで勉強を進めれば、5日間でマスターできるように編集してありますが、短期集中方式で勉強すれば、1日ですべてのドリルを楽にマスターしてしまうこともできます。特にTOEIC®テストや英検を目指す方はダラダラ勉強をするのではなく、必ず1時間単位で与えられた分量をマ

スターするよう心掛けてください。
　また、スピードはもちろん、実際の試験に臨んでいるのと同じように、各文法事項を確実に把握し、かつ見直しする習慣を身につけるよう意識しながら問題を解くようにしてください。そうすれば実戦力が身につき、実際の試験でも多大な成果を上げることができると思います。
　すべての英文には1つ1つ、ていねいにわかりやすい日本語訳が付けられているので、途中でつまずくことなく、最後まで楽しく勉強を続けることができます。

　最短の時間で最大の効果を上げるために、本書には次のような工夫がなされています。

(1) **見開き2ページでコンパクトに全体がまとめられているので、電車の中や待ち合わせ時間などのコマ切れ時間をうまく活用すると意外なほど早くマスターできる。**
(2) **右ページにある解説のゴシックの部分はポイントなので、この部分をチェックすることによって、知識の確認と整理ができ、即戦力に結びつけられる。**
(3) **時間を正確に計って1時間単位で問題を解くことによって、実戦力を身につけることができる。**

この本は、10年前にＰＨＰ文庫から出版した『英文法を５日間で攻略する本』に新規原稿を加え、最近のTOEIC®テストの傾向を踏まえて再編集したものです。この方式は、その後様々な著作でも活用しましたが、10万部突破の本書には良問が多く、改めて「英文法ドリル」として世に出すことで、読者にお役立ていただきたいと考えました。

　本書を活用することによって、短期集中方式で、できる限りムダを省き、楽しくゲーム感覚で、「英語によるコミュニケーションに必要な英文法」の基礎知識と英文法の実践的な運用力を効率的に習得し、TOEIC®テストや英検で多大な成果を上げ、国際社会で活躍されんことを祈っております。

2007年　夏

小池直己

新TOEIC®テストの英文法ドリル◎目次

まえがき

Drill 1 いざ、英文法ドリルに挑戦！ 9

Drill 2 本番のスピード感を意識！ 65

Drill 3 速さの中にも確実性を！ 123

Drill 4 見直しの癖を身につける！ 169

Drill 5 最後のブラッシュ・アップ！ 213

［本文デザイン］
印牧真和

Drill 1
いざ、英文法ドリルに挑戦！

Column 英文法の基礎知識【動詞】

文の中心は動詞である。動詞は文の根底を支えていて、動詞だけでも立派な文を作ることができる（例えば、命令文）。目的語を直後に続けられるか、それとも前置詞を置かないと目的語を続けられないのか、さらにどの前置詞を置くのかは、動詞ごとにある程度決まっているので、覚えておこう。

動詞には原形のほかに過去形・過去分詞形があるから、活用を覚えておく必要がある。また、時制には現在・過去・未来があり、それぞれ完了形と進行形がある。これらの区別も大切だ。

Are you ready?

Questions

1. I must be back ------ 11:30 at the latest.
   (A) till   (B) by
   (C) in   (D) at

2. ------ Jack go for a walk yesterday?
   (A) Is   (B) Was
   (C) Does (D) Did

3. I'm sure I ------ him three years ago.
   (A) saw   (B) have seen
   (C) will see   (D) am seeing

4. Tom, let's go on a picnic, ------ ?
   (A) will he   (B) shall we
   (C) will you (D) won't we

5. If you are sick, you ------ go to see a doctor.
   (A) have better   (B) had better
   (C) must be   (D) may be

Answers

1. 答え (B)

解説 by 11:30「11時30分までに」

訳文 遅くとも11時30分までに戻らなければならない。

2. 答え (D)

解説 go for a walk「散歩に出かける」

訳文 ジャックは昨日散歩に出かけましたか？

3. 答え (A)

解説 ago があるので動詞は過去形

訳文 私は3年前彼に会ったと確信している。

4. 答え (B)

解説 Let's 〜の付加疑問は決まった形

訳文 トム、ピクニックに行かないか？

5. 答え (B)

解説 had better 〜「〜したほうがいい」

cf. had better not 〜「〜しないほうがいい」

訳文 もし気分が悪いなら、医者に診てもらったほうがいい。

Questions

6. A：How ------ do you go to the hospital?
B：Once a week.
(A) long   (B) far
(C) many   (D) often

7. I asked him ------ .
(A) what is he doing (B) what he was doing
(C) what he is doing (D) what are you doing

8. You must write it ------ red ink.
(A) by   (B) in
(C) with   (D) through

9. Please pass me the salt, ------ ?
(A) do you   (B) shall you
(C) will you   (D) can you

10. He caught me ------ the arm.
(A) by   (B) with
(C) in   (D) on

Answers

6. 答え (D)

解説 once a week「1週間に(つき)1回」

訳文 A：病院にはどれくらい頻繁に行くのですか？
B：1週間に1回行きます。

7. 答え (B)

解説 間接疑問の疑問詞の後は、〈主語＋動詞…〉の語順になる

訳文 私は彼に何をしているのか尋ねた。

8. 答え (B)

解説 in red ink「赤いインクで」
in English「英語で」、in a loud voice「大声で」
cf. with a pen「ペンで」

訳文 あなたはそれを赤インクで書かなければなりません。

9. 答え (C)

解説 命令文の付加疑問文の語尾は will you?

訳文 塩をとってくださいませんか？

10. 答え (A)

解説 catch ~ by the ...「~の…をつかむ」

訳文 彼は私の腕をつかんだ。

Questions

11. I was ------ a loss for words.
(A) in
(B) on
(C) over
(D) at

12. This bicycle isn't yours, ------ ?
(A) does this
(B) does it
(C) is this
(D) is it

13. I bought his pen ------ twelve dollars.
(A) at
(B) for
(C) on
(D) with

14. We stayed in the house ------ it was raining.
(A) after
(B) during
(C) that
(D) while

15. I met him ------ the morning of November 17.
(A) on
(B) to
(C) of
(D) before

11. 答え (D)

解説 be at a loss for words「言葉に窮(きゅう)する」

訳文 私は言葉に窮して困った。

12. 答え (D)

解説 This bicycle は it で受ける

訳文 この自転車はあなたのではないんですね？

13. 答え (B)

解説 値段は for で表す。「交換」の for

cf. I sold it for 12 dollars.（私はそれを12ドルで売った）

訳文 私は彼のペンを12ドルで買った。

14. 答え (D)

解説 「雨が降っている間」という意味にする
it was raining と〈主語＋述語〉がある、つまり節なので、接続詞 while を選び、前置詞 during を選ばない

訳文 私たちは雨が降っている間、家にいた。

15. 答え (A)

解説 「特定の日の朝」であるから on

訳文 私は彼と11月17日の朝に会った。

Questions

16. You should ------ home at once.
(A) go
(B) went
(C) gone
(D) going

17. We ------ the world situation.
(A) discussed about
(B) discussed
(C) discussed over
(D) discussed on

18. If we take a taxi, we'll get home ------ 8.
(A) by
(B) in
(C) until
(D) above

19. I have no doubt ------ he is a good student.
(A) if
(B) that
(C) whether
(D) what

Answers

16. 答え (A)

解説 should「〜すべき」は助動詞だから後には動詞の原形がくる

訳文 君はすぐ家に帰るべきだ。

17. 答え (B)

解説 discuss 〜「〜について議論する」。他動詞なので前置詞は不要

訳文 私たちは世界情勢について議論した。

18. 答え (A)

解説 by 〜「〜までに」

cf. till [until] 〜「〜まで（ずっと）」

訳文 タクシーに乗れば、8時までに家に帰れる。

19. 答え (B)

解説 have no doubt that 〜「〜は確かだと思う」

訳文 彼がよい学生だというのは確かだと思う。

Questions

20. Would you ------ my leaving the door open?
(A) take (B) mind
(C) help (D) please

21. After his death, I ------ to take down the room because it was very old.
(A) did (B) had
(C) must (D) would

22. I went swimming ------ the river.
(A) among (B) in
(C) of (D) onto

23. Let's learn together, ------ we?
(A) will (B) mustn't
(C) shall (D) don't

Answers

20. 答え (B)
解説 Would you mind one's ~ing ...?「(人) が~してもかまいませんか?」
one's が省略されると ~ing の意味上の主語は、文の主語 (you) と同じになる

訳文 ドアを開けたままにしてもいいですか?

21. 答え (B)
解説 have to ~「~しなければならない」、take down ~「~を取り壊す」

訳文 彼の死後、その部屋はとても古かったので取り壊さなければならなかった。

22. 答え (B)
解説 go swimming in the river「川へ泳ぎに行く」

訳文 私は川へ泳ぎに行った。

23. 答え (C)
解説 Let's で始まる文の付加疑問は shall we? を用いる

訳文 さあ、一緒に勉強をしようか?

Questions

24. It ------ him two dollars to get the book.
  (A) needed   (B) took
  (C) cost   (D) spent

25. It rained a lot at night, but it was clear in the daytime ------ we were in Hokkaido.
  (A) during   (B) at
  (C) for   (D) while

26. You look pale. What is the matter ------ you?
  (A) of   (B) for
  (C) with   (D) to

27. It ------ to me that I may have misunderstood you.
  (A) happened   (B) occurred
  (C) was likely (D) might be true

Answers

24. 答え (C)
解説 It costs ＋（人）＋（金額）＋ to ~「（人）が~するのに…（金額が）かかる」

訳文 彼がその本を手に入れるのに 2 ドルかかった。

25. 答え (D)
解説 ------ 以下が節なので接続詞がくる

訳文 私たちが北海道にいる間、夜はたくさんの雨が降ったが昼間は晴れていた。

26. 答え (C)
解説 What is the matter with ~ ?「~はどうしたのですか？」

訳文 君は顔色が悪い。どうしたの？

27. 答え (B)
解説 It occurs to ＋（人）＋ that ~「~ということが（人）の心にふと浮かぶ」

訳文 君を誤解していたのかもしれないと、ふと思ってしまった。

Questions

28. He had to cook for himself every day ------ he had no wife.
(A) if
(B) because
(C) and
(D) but

29. She looks young ------ her age.
(A) for
(B) in
(C) than
(D) among

30. I have never ------ to London.
(A) visited
(B) been
(C) stayed
(D) seen

31. He is the taller ------ the two boys.
(A) in
(B) than
(C) of
(D) among

32. We shall put off our departure ------ tomorrow.
(A) if it is rain
(B) if it rains
(C) if it will rain
(D) if it will be raining

28. 答え (B)

解説 2つの文を結ぶ適切な接続詞を選ぶ
for oneself「自分の力で、独力で」

訳文 彼には奥さんがいないので、毎日自分で料理をしなければならなかった。

29. 答え (A)

解説 for ～「～の割には」

cf. It is rather cold for June.（6月にしてはかなり寒い）

訳文 彼女は年の割に若く見える。

30. 答え (B)

解説 have been to ～「～へ行ったことがある」（経験）

訳文 私はロンドンに行ったことがない。

31. 答え (C)

解説 「2人の少年の中では」だから than ではなく of

訳文 彼は2人の少年のうちで背の高いほうだ。

32. 答え (B)

解説 未来を表す副詞節の時制は現在形なので rains が適切

訳文 明日雨ならば、私たちは出発を延期しよう。

Questions

33. We began to sail ------ the direction of the port.
(A) for (B) to
(C) in (D) over

34. His parents are very proud ------ their son.
(A) by (B) for
(C) of (D) over

35. When the telephone rang, Mary ------ TV.
(A) is watching (B) was watching
(C) watched (D) would watch

36. It's time for dinner, Kazuo. You ------ wash your hands.
(A) would (B) should
(C) have (D) may

37. A : What time shall I come?
B : How ------ eight o'clock?
(A) to (B) about
(C) from (D) at

33. 答え (C)

解説 in the direction of 〜「〜の方向に」

訳文 私たちは港の方向に船を進めた。

34. 答え (C)

解説 be proud ot 〜「〜を誇る、〜が自慢である」

訳文 彼の両親は息子をとても誇りに思っている。

35. 答え (B)

解説 「〜した時、…していた」と過去に進行中の動作を表す過去進行形

訳文 電話が鳴った時、メアリーはテレビを見ていた。

36. 答え (B)

解説 「〜しなさい」の should が適当

訳文 夕食の時間ですよ、和夫。手を洗ってきなさい。

37. 答え (B)

解説 How about 〜 ?「〜はいかがですか?」

訳文 A:私は何時に来たらいいですか?
B:8時はいかがですか?

Questions

38. I don't know ------.
(A) where did he go (B) where he went
(C) where went he (D) where did he went

39. Please ------ care of the baby for a while.
(A) have
(B) make
(C) take
(D) get

40. I knew that she ------ a clever student.
(A) has
(B) is
(C) was
(D) were

41. You must finish this work ------ 8 o'clock.
(A) from
(B) by
(C) till
(D) to

42. Look at the woman ------ red.
(A) above
(B) on
(C) but
(D) in

Answers

38. 答え (B)

解説 間接疑問の疑問詞の後は、〈主語＋動詞…〉の語順になる

訳文 私は彼がどこに行ったのか知らない。

39. 答え (C)

解説 take care of ～「～の世話をする」、for a while「しばらくの間」

訳文 しばらくの間、赤ちゃんの世話をしてください。

40. 答え (C)

解説 主節の動詞が過去形なので従節の動詞の時制もそれに従う

訳文 私は彼女がかしこい学生であることを知っていた。

41. 答え (B)

解説 「～までに」の意味の by

訳文 あなたはこの仕事を8時までに終わらせなければならない。

42. 答え (D)

解説 in ～「～を着て」。「着用」の in

訳文 あの赤い服を着た女性を見なさい。

Questions

43. It is funny, ------ ?
(A) am I
(B) aren't you
(C) is it
(D) isn't it

44. Let me ------ you of your baggage.
(A) help
(B) make
(C) relieve
(D) bring

45. How ------ does the bus start?
(A) soon
(B) fast
(C) early
(D) quick

46. The bus arrived ------ time.
(A) at
(B) by
(C) just
(D) on

47. He was absent ------ the meeting last night.
(A) in
(B) at
(C) from
(D) to

Answers

43. 答え (D)
解説 前文の It is に注目する
訳文 おもしろいですね？

44. 答え (C)
解説 relieve ＋（人）＋ of ＋（物・事）「（人）から（やっかいな）（物・事）を取り除く」
訳文 あなたの荷物を持ちましょう。

45. 答え (A)
解説 How soon ～ ?「あとどれくらいで～？」
訳文 あとどれくらいでバスが出ますか？

46. 答え (D)
解説 on time「時間通りに」
cf. in time「時間に間に合って、やがて」
訳文 バスは時間通りに着いた。

47. 答え (C)
解説 be absent from ～「～を欠席する」
訳文 彼は昨夜の会合に欠席した。

Questions

48. His father made a model plane ------ him.
 (A) to
 (B) of
 (C) in
 (D) for

49. Who ------ a walk every morning?
 (A) have taken
 (B) is taken
 (C) take
 (D) takes

50. A：It's very hot, isn't it?
 B：------ I open the window?
 A：Yes, please.
 (A) Shall
 (B) Do
 (C) Am
 (D) Will

51. Luckily the weather ------ fine.
 (A) turned up
 (B) came to
 (C) turned out
 (D) changed into

52. He ------ in America five years ago.
 (A) are
 (B) is
 (C) was
 (D) were

Answers

48. 答え (D)
解説 His father made him a model plane. という文の目的語の順序を入れ換えると for が必要
訳文 彼の父親は模型飛行機を彼のために作った。

49. 答え (D)
解説 主語は3人称単数
訳文 誰が毎朝散歩するのですか?

50. 答え (A)
解説 Shall I ~ ?「~しましょうか?」
訳文 A:とても暑いですね?
B:窓を開けましょうか?
A:はい、お願いします。

51. 答え (C)
解説 turn out (to be) ~「(結局) ~だとわかる、~となる」= prove (to be) ~
訳文 幸運にも、結局いい天気になった。

52. 答え (C)
解説 five years ago は過去を表す
訳文 彼は5年前アメリカにいた。

Questions

53. Don't get off the train till it ------.
(A) stop (B) stops
(C) will stop (D) stopping

54. Heat changes water ------ steam.
(A) for (B) into
(C) in (D) on

55. John didn't know how to ------ to his wife that he had quit his job.
(A) tell (B) ask
(C) explain (D) request

56. A : ------ do you come to school?
B : By bicycle.
(A) How (B) What
(C) Where (D) When

Answers

53. 答え (B)

解説 if, till に続く節では、未来でも現在形を使う

訳文 列車が止まるまで降りるな。

54. 答え (B)

解説 change [convert] A into B 「AをBに変える」
cf. change [*turn*] *into* A 「Aに変わる」

訳文 熱は水を蒸気に変える。

55. 答え (C)

解説 explain to ＋（人）＋（事）「（人）に（事）を説明する」
〈explain ＋（人）＋（事）〉の二重目的語をとる形はない。〈explain ＋（事）＋ to ＋（人）〉は可能

訳文 ジョンは仕事をやめたことを妻にどう説明したらよいかわからなかった。

56. 答え (A)

解説 By bicycle.「自転車で」と答えていることから、「交通手段」を聞いていると判断できる

訳文 A：君はどのようにして学校に来るのですか？
B：自転車で（来ます）。

Questions

57. Can you finish your homework ------ next Tuesday?
(A) at
(B) by
(C) in
(D) till

58. There ------ a lot of people at the store last Saturday.
(A) is
(B) are
(C) was
(D) were

59. I don't know ------ is singing in the room.
(A) where
(B) how
(C) who
(D) when

60. We'll go to the mountain ------ it is fine tomorrow.
(A) but
(B) that
(C) which
(D) if

61. I called ------ one of my friends yesterday.
(A) on
(B) at
(C) of
(D) with

Answers

57. 答え (B)

解説 by ～「～までに」

訳文 来週の火曜日までに宿題を仕上げられますか？

58. 答え (D)

解説 a lot of people は複数形

訳文 多くの人々が先週の土曜日にその店にいた。

59. 答え (C)

解説 is singing の主語になる疑問詞を選ぶ

訳文 私は誰がその部屋で歌っているのか知らない。

60. 答え (D)

解説 if it is fine tomorrow「もし明日晴れなら」

訳文 私たちはもし明日晴れなら山へ行くつもりだ。

61. 答え (A)

解説 call on ～「(人) を訪問する」

cf. call at ～「(場所) を訪問する」

訳文 私は昨日、友人の1人を訪ねた。

Questions

62. Well, let's hurry, Mr. Smith. School begins ------ a few minutes.
(A) by (B) in
(C) on (D) to

63. You won't be busy tomorrow, ------ ?
(A) won't you (B) do you
(C) don't you (D) will you

64. My brother was killed ------ an accident.
(A) at (B) by
(C) in (D) with

65. Our school begins ------ eight thirty.
(A) at (B) from
(C) in (D) on

66. May I ------ your telephone?
(A) let (B) use
(C) spend (D) borrow

Answers

62. 答え (B)

解説 in a few minutes「2、3分たてば[すれば]」

訳文 急ぎましょう、スミスさん。2、3分で学校が始まりますよ。

63. 答え (D)

解説 前文は won't で否定文

訳文 あなたは明日は忙しくないですよね？

64. 答え (C)

解説 事故、戦争で「死ぬ」という場合は、be killed in ～を用いる

訳文 私の弟は事故で死んだ。

65. 答え (A)

解説 「時の1点」を表すのは at
日本語の「から」から考えて from としないこと

訳文 私たちの学校は8時30分に始まる。

66. 答え (B)

解説 電話は設置されているので use

訳文 電話を借りてもいいですか？

Questions

67. I'll be back ------ an hour.
(A) in (B) for
(C) at (D) on

68. We'll have to get home before the sun ------.
(A) won't (B) sets
(C) will set (D) doesn't set

69. How ------ does the train start?
(A) soon (B) fast
(C) early (D) time

70. I don't know ------ to write a letter in English.
(A) how (B) what
(C) which (D) that

71. Tom stood on the deck ------ his hair waving in the wind.
(A) with (B) of
(C) which (D) over

67. 答え (A)
解説 in an hour「1時間たてば[すれば]」
訳文 私は1時間で戻ります。

68. 答え (B)
解説 時・条件を表す副詞節(when 〜 , before 〜 , if 〜 など)の中では未来のことを現在形で表す
訳文 私たちは日が沈む前に家に帰らねばならないでしょう。

69. 答え (A)
解説 How soon 〜 ?「あとどれくらいで〜か?」
訳文 あとどれくらいで列車が出ますか?

70. 答え (A)
解説 how to 〜「〜する方法、〜の仕方」
訳文 私は英語で手紙を書く方法を知りません。

71. 答え (A)
解説 with は付帯状況を表す
〈with ＋ O ＋ C〉の形で「OがCである状態で」という意味
訳文 トムは髪を風になびかせてデッキに立っていた。

Questions

72. A：Must I answer your question?
　　　B：No, you ------.
　　(A) must not　　(B) may not
　　(C) don't have to　　(D) cannot

73. The party was held ------ March 26, 1972.
　　(A) on　　(B) in
　　(C) at　　(D) to

74. He sold the watch ------ 5, 000 yen.
　　(A) in　　(B) on
　　(C) for　　(D) by

75. A：------ you have some more milk?
　　　B：Yes, please.
　　(A) May　　(B) Did
　　(C) Shall　　(D) Will

Answers

72. 答え (C)

解説 「~しなければなりませんか?」に対する否定の答え方は「~しなくてもよい、~する必要はない」

No, you need not. と答えてもよい

訳文 A:君の質問に答えなければならないですか?
B:いいえ、答えなくてもかまいません。

73. 答え (A)

解説 日付の「に」は on

訳文 そのパーティーは1972年3月26日に催(もよお)された。

74. 答え (C)

解説 sell [buy] A for + (金額)「(金額) でAを売る [買う]」。「~と交換して」の for

訳文 彼はその時計を5,000円で売った。

75. 答え (D)

解説 Will you ~ ? は「~しませんか?」と誘ったり、物を勧める時に使う

訳文 A:ミルクをもう少しいかがですか?
B:はい、お願いします。

Questions

76. The use of cards is ------ the increase.
(A) in (B) on
(C) by (D) over

77. I will write to you as soon as I ------ in New York.
(A) arrive (B) will arrive
(C) reach (D) will reach

78. There is a bridge ------ the river.
(A) in (B) on
(C) along (D) across

79. I don't know ------ or not he will come.
(A) whether (B) either
(C) neither (D) yes

80. It is very warm in the room. ------ you open the window?
(A) Will (B) May
(C) Must (D) Shall

Answers

76. 答え (B)

解説 be on the increase「増加中で」。「状態」の on
cf. on the decrease「減少中で」、*on fire*「燃えて」

訳文 カードの使用は増加しつつある。

77. 答え (A)

解説 as soon as ～「～するとすぐに」。時を表す副詞節に使われる接続詞句
arrive in ［at］～「～に到達する」＝ reach ～

訳文 ニューヨークへ着いたら、すぐあなたに手紙を書きます。

78. 答え (D)

解説 across または over で表す

訳文 川に橋がかかっている。

79. 答え (A)

解説 whether or not ～「～かどうか」

訳文 私には彼が来るかどうかわからない。

80. 答え (A)

解説 Will you ～ ?「～してくれませんか？」

訳文 部屋がとても暑い。窓を開けてくれませんか？

Questions

81. When the earthquake hit, all the pictures ------ the wall fell to the floor.
(A) on
(B) in
(C) at
(D) under

82. Let's go to Disneyland, ------ ?
(A) shall we
(B) won't you
(C) don't we
(D) will you

83. We could not play baseball yesterday ------ it was raining.
(A) or
(B) if
(C) because
(D) but

84. The president said that the matter was ------ consideration.
(A) in
(B) on
(C) under
(D) over

85. Either the timetable ------ my watch is wrong.
(A) but
(B) or
(C) for
(D) since

Answers

81. 答え (A)
解説 on the wall「その壁に接して」。「接触の」on
訳文 地震が来た時、壁の絵は全部床に落ちた。

82. 答え (A)
解説 Let's ~, shall we?
訳文 ディズニーランドへ行きましょうか？

83. 答え (C)
解説「理由」を表す because
訳文 雨が降っていたので、昨日は野球ができなかった。

84. 答え (C)
解説 under consideration「考慮中で」
cf. under repair「修理中で」、*under discussion*「討議中で」、*under construction*「工事中で、建設中で」
訳文 社長は、その件は考慮中であると言った。

85. 答え (B)
解説 either A or B「AかBのどちらか」
訳文 時刻表か私の時計か、どちらかが違っている。

Questions

86. There is some doubt ------ it will rain.
(A) since
(B) that
(C) whether
(D) what

87. I think I'm safe in saying that everyone will be ------ our proposal.
(A) for
(B) under
(C) up
(D) to

88. ------ does your father write a letter to his friend in Canada a month?
(A) How long
(B) How many
(C) How about
(D) How often

89. Be careful ------ crossing that street.
(A) to
(B) in
(C) at
(D) over

Answers

86. 答え (C)

解説 not, no に続く節は that、そうでない場合は whether, if が続く

訳文 雨が降るかどうか今ひとつはっきりしない。

87. 答え (A)

解説 be for ~「~に賛成して」⇔ be against ~「~に反対して」

訳文 全員が私たちの申し出に賛成してくれると言っていいと思う。

88. 答え (D)

解説 How often ~?「どの [何回] くらい~?」、a month「ひと月に (つき)」
How often a month ~? と言うこともある

訳文 あなたのお父さんは、1カ月にどのくらいカナダの友人に手紙を書きますか?

89. 答え (B)

解説 in ~ing「~する時に、~する場合に」
Be careful when you cross that street. と言い換えられる

訳文 あの通りを横切る時は気をつけなさい。

Questions

90. It won't be long ------ he gets well.
   (A) if   (B) that
   (C) before   (D) when

91. Let's listen to the radio, ------ ?
   (A) will you   (B) shall we
   (C) don't we   (D) do we

92. He lives ------ the corner of Green Street.
   (A) in   (B) at
   (C) with   (D) to

93. I don't know ------ .
   (A) what do you want   (B) what want you
   (C) what you want   (D) you want what

94. Salesmen call ------ our houses to try to sell things.
   (A) on   (B) at
   (C) off   (D) over

Answers

90. 答え (C)
解説 It won't be long before ~「間もなく~だろう」
訳文 彼は間もなく回復するだろう。

91. 答え (B)
解説 Let's ~の文につける付加疑問は shall we?
訳文 ラジオを聴こうか？

92. 答え (B)
解説 at the corner of ~「~の角に」
訳文 彼はグリーン通りの角に住んでいる。

93. 答え (C)
解説 間接疑問文の語順
訳文 私には君が何を望んでいるのかわからない。

94. 答え (B)
解説 call at ~「(家 [建物]) を訪問する」
cf. call on ~「(人) を訪問する」
訳文 セールスマンは品物を売りに私たちの家を訪ねる。

Questions

95. What is the difference ------ analog and digital?
(A) from
(B) among
(C) before
(D) between

96. Please wait ------ he comes back.
(A) until
(B) after
(C) before
(D) when

97. We can stay either in a tent ------ in a log cabin.
(A) or
(B) and
(C) but
(D) nor

98. The ship went ------ sight.
(A) off
(B) out of
(C) beside
(D) over

Answers

95. 答え (D)

解説 「AとBの間」は between A and Bの連語として覚える

訳文 アナログとデジタルの違いは何ですか？

96. 答え (A)

解説 until ～「～するまで」の意味

訳文 彼が戻って来るまで待ってください。

97. 答え (A)

解説 either A or B「AかB」の形

訳文 私たちはテントか丸太小屋のどちらかに泊まれる。

98. 答え (B)

解説 out of ～「～の外に」

cf. out of reach「手の届かないところに」⇔ *within reach*「手の届くところに」

out of season「季節はずれで」⇔ *in season*「季節に合った、旬で」

訳文 その船は見えなくなった。

Questions

99. You would ------ your father a lot of worry if you'd simply write him a letter.
(A) take (B) omit
(C) help (D) save

100. Come with us, ------ ?
(A) don't you (B) do you
(C) shall we (D) will you

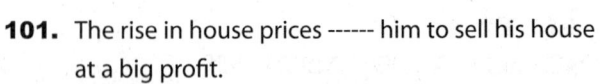

101. The rise in house prices ------ him to sell his house at a big profit.
(A) directed (B) enabled
(C) handed (D) made

102. A : ------ is your school over?
B : At three.
(A) How long (B) How many
(C) What time (D) What day

Answers

99. 答え (D)

解説 save ＋（人）＋（物）「（人）から（物）を省く」

訳文 手紙さえ書けば、お父さんから多くの心配を取り除くことができますよ。

100. 答え (D)

解説 命令文につける付加疑問は will you?

訳文 私たちと一緒に来ませんか？

101. 答え (B)

解説 enable ＋（人）＋ to do「（人）が～できるようにする」

訳文 住宅価格の上昇のため、彼は自分の家を売って大きな利益を上げることができた。

102. 答え (C)

解説 be over「終わる」

訳文 A：あなたの学校が終わるのは何時ですか？
B：3時です。

Questions

103. I don't know ------.
(A) why did he go there
(B) why he went there
(C) why went he there
(D) why did he went there

104. I have no idea ------.
(A) what he said   (B) what did he say
(C) what has he said (D) what he have said

105. He was standing ------ a book in his hand.
(A) on
(B) with
(C) for
(D) at

106. I will sit up reading a book till Mother ------ home.
(A) comes
(B) will come
(C) will have come
(D) came

Answers

103. 答え (B)
解説 〈疑問詞+主語+動詞…〉の順
訳文 彼がなぜそこへ行ったのか、私は知らない。

104. 答え (A)
解説 I have no idea ~「~がわからない」
訳文 彼が何を言ったか、私はわからない。

105. 答え (B)
解説 with a book in his hand「手に本を持って」
訳文 彼は手に本を持って立っていた。

106. 答え (A)
解説 未来を表す副詞節の時制は現在形なので、comes が適当
訳文 母が家に帰ってくるまで、私は起きて本を読んでいるつもりだ。

Questions

107. I have been busy ------ I saw you last Sunday.
 (A) but
 (B) for
 (C) since
 (D) and

108. English is a difficult language to learn, ------ it is useful.
 (A) because
 (B) but
 (C) or
 (D) so

109. He was married ------ a pretty lady.
 (A) with
 (B) by
 (C) to
 (D) on

110. She is going to the museum ------.
 (A) the other day
 (B) the day before yesterday
 (C) tomorrow
 (D) two days ago

Answers

107. 答え (C)

解説 現在完了形で「～以来（ずっと）」の意味を表す **since**

訳文 この前の日曜日に君に会って以来、ずっと忙しい。

108. 答え (B)

解説 前後が逆接で結ばれるので **but** を選ぶ

訳文 英語は学ぶには難しい言語だが、役に立つ。

109. 答え (C)

解説 **be married to ～「～と結婚している」**
cf. He married her.（彼は彼女と結婚した）

訳文 彼は美しい女性と結婚していた。

110. 答え (C)

解説 **tomorrow 以外は過去を表す副詞句**

訳文 彼女は明日、博物館へ行くつもりだ。

Questions

111. The festival begins ------ February 15.
(A) in
(B) on
(C) from
(D) at

112. Do you think he ------ his father?
(A) resembles
(B) is resembling
(C) resembles to
(D) resembles with

113. Take the 7:50 bus, ------ you'll be late for school.
(A) and
(B) because
(C) or
(D) when

114. He ------ when I go to see him.
(A) was always working
(B) has always worked
(C) always worked
(D) is always working

Answers

111. 答え (B)

解説 日本語では「〜から始まる」と言うので begin from 〜と考えがちだが、これは誤り。英語では「〜に始まる」と考え、〈begin on ＋日にち〉や〈begin at ＋時刻〉などとする

訳文 お祭りは2月15日から始まる。

112. 答え (A)

解説 resemble 〜「〜に似ている」
他動詞。通常、進行形や受身にはしない

訳文 彼は父親に似ていると思いますか？

113. 答え (C)

解説 命令文の後が and か or かは、続く文の意味から考える。ここは or

訳文 7時50分のバスに乗りなさい。そうしないと学校に遅れるでしょう。

114. 答え (D)

解説 現在進行形を用いて、反復的動作を表す

訳文 私が彼に会いに行くと、彼はいつも働いている。

Questions

115. I've known her ------ she was a child.
 (A) from
 (B) when
 (C) as
 (D) since

116. We will put off the match if it ------ tomorrow.
 (A) will rain
 (B) rains
 (C) is rain
 (D) will be rainy

117. Do you know what question ------ going to ask?
 (A) does he
 (B) he is
 (C) is he
 (D) was he

118. He has been in Kyoto ------.
 (A) three months ago
 (B) since last December
 (C) last December
 (D) for next December

Answers

115. 答え (D)
解説 ~ since she was a child 「子供の時から~」
訳文 私は彼女が子供の時から彼女を知っている。

116. 答え (B)
解説 if に導かれた副詞節の中では未来のことでも現在形を使う
put off ~ 「~を延期する」
訳文 もし明日雨なら、私たちはその試合を延期するつもりだ。

117. 答え (B)
解説 間接疑問の疑問詞の後は、〈主語＋動詞…〉の語順になる
訳文 あなたは彼がどんな質問をしようとしているか知っていますか？

118. 答え (B)
解説 「~以来ずっと」と継続を表す
have been in ~ 「~に滞在している」
訳文 彼は去年の12月以来、京都に滞在している。

Questions

119. I'm ------ duty now.
(A) except (B) off
(C) out of (D) but

120. He as well as I ------ sick.
(A) am (B) are
(C) is (D) were

121. Your mother got up early this morning, ------?
(A) was she (B) did she
(C) didn't she (D) wasn't she

122. Both the sun and the moon rise ------ the east.
(A) from (B) to
(C) in (D) on

Answers

119. 答え (B)
解説 off duty「仕事が休みで」⇔ on duty「勤務中で」
訳文 私は今、非番です。

120. 答え (C)
解説 A as well as B「Bと同様にAも」の主語の場合は、述語動詞はAに人称・数が一致する
訳文 私と同様に、彼も病気だ。

121. 答え (C)
解説 got は過去だから付加疑問文は didn't
訳文 あなたのお母さんは今朝早く起きましたね？

122. 答え (C)
解説 「東から昇る」の意味だが、from ではなく「場所」を表す in が正しい
訳文 太陽も月も東から昇る。

Drill 2
本番のスピード感を意識！

Column 英文法の基礎知識【名詞・冠詞】

名詞には数えられるもの（可算名詞）と数えられないもの（不可算名詞）とがある。可算名詞は、1つなら普通は冠詞（a, an, the）をつけ、2つ以上なら複数形にする。不可算名詞は、普通は単数として扱い、a や an をつけない。不可算名詞には love, peace など具体的な形のない抽象名詞と、water, air など一定の形のない物質名詞がある。物質名詞は、例えば a glass of water（コップ1杯の水）などの方法で、数えることもできる。
冠詞とは名詞の前に置かれてその意味を限定する語であり、定冠詞の the と不定冠詞の a, an がある。

Be speedy!

Questions

1. Give me ------ chance.
   (A) other
   (B) others
   (C) the other
   (D) another

2. Tom and Bob have known ------ for a long time.
   (A) each other
   (B) one by one
   (C) to one another
   (D) with each other

3. Please make ------ at home.
   (A) you
   (B) your
   (C) yourself
   (D) yours

4. I wonder if you have a room ------ for three nights.
   (A) available
   (B) empty
   (C) liberal
   (D) vacancy

5. I don't have any money. I don't have a pot of gold, ------.
   (A) too
   (B) also
   (C) either
   (D) then

Answers

1. 答え (D)

解説 another chance「もう1つのチャンス」

訳文 もう1度チャンスをください。

2. 答え (A)

解説 「お互いに」は each other, one another で表す
この場合、know の目的語になるので to や with は不要

訳文 トムとボブは長い間お互いに知り合いだ。

3. 答え (C)

解説 make oneself at home「くつろぐ」

訳文 どうぞ楽にしてください。

4. 答え (A)

解説 available「利用できる」

訳文 3泊できる部屋はありますか？

5. 答え (C)

解説 否定文の「～もまた」は either を使う

訳文 私はお金を少しも持っていません。また、壺1杯の金も持っていません。

Questions

6. They ------ often play baseball here.
 (A) should (B) would
 (C) ought (D) used

7. He ------ home. He will be back at noon.
 (A) is (B) isn't
 (C) can (D) doesn't

8. She said that she ------ sick in bed.
 (A) is (B) was
 (C) will be (D) were

9. You were absent ------ school yesterday, weren't you?
 (A) in (B) on
 (C) from (D) of

10. I am not in ------ of his opinion.
 (A) agreement (B) friend
 (C) back (D) favor

Answers

6. 答え (B)
解説 would「よく～したものでした」
訳文 彼らはよくここで野球をしたものだった。

7. 答え (B)
解説 be home「在宅している」
訳文 彼はいません。正午には帰るでしょう。

8. 答え (B)
解説 時制の一致に注意する
訳文 彼女は病気で寝ていると言った。

9. 答え (C)
解説 be absent from ～「～を欠席する」
訳文 あなたは昨日学校を欠席しましたね？

10. 答え (D)
解説 be in favor of ～「～に賛成している」
訳文 私は彼の意見に賛成ではない。

Questions

11. In winter some go skiing and ------ go skating.
 (A) another (B) other
 (C) others (D) the other

12. Will you have ------ cup of coffee?
 (A) other (B) others
 (C) another (D) the others

13. After her long illness Nancy is a mere shadow of her ------ self.
 (A) before (B) previous
 (C) former (D) front

14. As he was careful, he made ------ mistakes.
 (A) few (B) a few
 (C) little (D) a little

Answers

11. 答え (C)

解説 some ~ others ... 「~する人もいれば…する人もいる」

訳文 冬にはスキーに行く人もいれば、スケートに行く人もいる。

12. 答え (C)

解説 a cup of ~「1杯の~」
another cup of ~「もう1杯の~」

訳文 コーヒーのおかわりはいかがですか？

13. 答え (C)

解説 former「以前の」、previous は「(時間・順序が)前の」

訳文 長く病気を患った後、ナンシーは今、昔の姿は見る影もないありさまだ。

14. 答え (A)

解説 few「ほとんど~ない」は数えられる名詞につく

訳文 彼は注意深かったので、ミスはほとんどなかった。

Questions

15. I will do the work in ------ of my brother.
   (A) back (B) place
   (C) change (D) turn

16. I haven't heard his song ------ last week.
   (A) since (B) when
   (C) till (D) before

17. My mother will come back ------ a few hours.
   (A) to (B) by
   (C) with (D) in

18. ------ I open the window?
   (A) Will (B) Shall
   (C) Would (D) Have

19. I have two brothers. One lives in Tokyo and ------ lives in Yokohama.
   (A) another (B) the other
   (C) the second (D) other

20. ------ is interesting to learn English.
   (A) They (B) It
   (C) There (D) Its

Answers

15. 答え (B)
解説 in place of ~ 「~の代わりに」
訳文 私が兄の代わりにその仕事をしましょう。

16. 答え (A)
解説 since ~ 「~以来」
訳文 先週以来、私は彼の歌を聞いていない。

17. 答え (D)
解説 in a few hours 「2、3時間たてば［すれば］」
訳文 2、3時間で母は帰って来るでしょう。

18. 答え (B)
解説 Shall I ~ ?「(私が) ~しましょうか？」
訳文 窓を開けましょうか？

19. 答え (B)
解説 2者のうちの他方であるから the other
訳文 私には2人の兄弟がいます。1人は東京に住んでいて、もう1人は横浜にいます。

20. 答え (B)
解説 It is ~ to ... 「...することは~だ」
訳文 英語を学ぶことはおもしろい。

Questions

21. You will have to cut it ------ a knife.
 (A) through (B) by
 (C) with (D) in

22. He was ------ tired.
 (A) fast (B) deep
 (C) sound (D) dead

23. Ice is changed ------ water by heat.
 (A) for (B) in
 (C) by (D) into

24. How ------ money do you have now?
 (A) many (B) some
 (C) any (D) much

25. I don't like the color of this dress very much. Please show me a blue ------.
 (A) one (B) it
 (C) another (D) other

Answers

21. 答え (C)
解説 with a knife「ナイフで」。「手段」を表す with
訳文 それをナイフで切らなくてはいけないでしょう。

22. 答え (D)
解説 dead はこの場合「まったく（= completely)、へとへとに」の意味

cf. He was fast/sound asleep. (彼はぐっすり眠っていた)

訳文 彼はへとへとに疲れていた。

23. 答え (D)
解説 「変化・結果」を表す into
訳文 氷は熱によって水に変えられる。

24. 答え (D)
解説 money は物質名詞。硬貨や紙幣は数えられるが、「お金が1つ、2つ…」とはならない
訳文 今、お金をいくら持っていますか？

25. 答え (A)
解説 a blue one「青色のもの」、one = dress
訳文 このドレスの色はあまり好きではないわ。青いのを見せてください。

Questions

26. A：Didn't you find him at home?
B：------ , I didn't.
(A) Yes (B) No
(C) Sure (D) All right

27. Stop watching television, ------ you?
(A) do (B) will
(C) did (D) are

28. I am ------ busy to help him now.
(A) so (B) such
(C) too (D) to

29. If you are not ------ toward your elders in Japanese society, you will often get into trouble.
(A) respectable (B) respectful
(C) respective (D) respect

Answers

26. 答え (B)
解説 否定疑問文「〜でないか？」に対し、「はい、その通り〜ではない」は No で答える。No の後には否定文が続く

訳文 A：彼は家にいなかったの？
B：ええ、いませんでした。

27. 答え (B)
解説 stop 〜ing「〜するのをやめる」

訳文 テレビを見るのをやめなさいね？

28. 答え (C)
解説 too 〜 to ...「あまりにも〜なので…できない」

訳文 今あまりにも忙しいので、彼の手伝いができない。

29. 答え (B)
解説 respectable「尊敬に値する、立派な」、respectful「敬意を表する」、respective「それぞれの」、respect「尊敬する」

訳文 年上の人々に敬意を表さないと、日本社会ではいろいろと問題になるだろう。

Questions

30. Mary gets up as ------ as her mother.
  (A) fast (B) early
  (C) long (D) short

31. Hurry up, ------ you will be in time for the meeting.
  (A) and (B) but
  (C) so (D) or

32. I have a weak stomach, but I ------ take medicine.
  (A) did need (B) need not
  (C) must (D) had to

33. This camera is ------ expensive than that one.
  (A) much (B) more
  (C) most (D) very

34. He tries to read as many books ------ possible.
  (A) as (B) so
  (C) than (D) of

Answers

30. 答え (B)
解説 get up early「早起きする」
訳文 メアリーは彼女の母親と同じくらい早起きだ。

31. 答え (A)
解説 〈命令文＋ and〉の形「～しなさい、そうしたら…」
訳文 急ぎなさい、そうすれば会議に間に合うだろう。

32. 答え (B)
解説 need not ～「～する必要がない」
訳文 私は胃弱ですが、薬を飲む必要はありません。

33. 答え (B)
解説 than があるので、expensive を比較級にする
訳文 このカメラはあれより高い。

34. 答え (A)
解説 as ～ as possible「できるだけ～」＝ as ～ as ... can
訳文 彼はできるだけたくさんの本を読もうとしている。

Questions

35. This dictionary is ------ great use.
 (A) about (B) of
 (C) for (D) with

36. I left London the day ------ yesterday.
 (A) till (B) since
 (C) before (D) after

37. I was ------ tired that I couldn't walk.
 (A) such (B) so
 (C) as (D) for

38. Many a student ------ in the examination.
 (A) have failed (B) has failed
 (C) has failing (D) have failing

39. He has ------ more pencils than I have.
 (A) much (B) many
 (C) very (D) ever

Answers

35. 答え (B)

解説 〈of ＋名詞〉で形容詞と同じ意味を表し、補語になることがある

of use と useful は同じ意味である

訳文 この辞書はとても役に立つ。

36. 答え (C)

解説 the day before yesterday「一昨日」

訳文 ロンドンを一昨日出発した。

37. 答え (B)

解説 so ～ that ...「とても～なので…」

訳文 とても疲れていたので、私は歩けなかった。

38. 答え (B)

解説 many a ＋単数名詞「多くの～」(動詞は単数で受ける)

訳文 多くの学生がその試験に失敗した。

39. 答え (B)

解説 many more ＋可算名詞の複数形、much more ＋不可算名詞

cf. much more money「ずっとたくさんのお金」

訳文 彼は私よりずっとたくさんの鉛筆を持っている。

Questions

40. What he said doesn't make ------.
(A) reason (B) sense
(C) right (D) truth

41. The path was covered ------ snow.
(A) with (B) to
(C) for (D) in

42. ------ students were there.
(A) Almost (B) Almost of
(C) Almost the all of (D) Almost all of the

43. ------ of them has done his best.
(A) Each (B) Many
(C) Some (D) Both

44. Either you ------ I must go.
(A) and (B) but
(C) or (D) nor

40. 答え (B)

解説 make sense「意味をなす」⇔ make no sense「意味をなさない」

訳文 彼が言ったことは筋が通っていない。

41. 答え (A)

解説 be covered with ~「~でおおわれている」

訳文 その小道は雪でおおわれていた。

42. 答え (D)

解説 almost all (of) the students「その学生たちのほとんどすべて」= most of the students
almost は副詞であり、all, every, any, no などを修飾できる

訳文 その学生たちのほとんどすべてがそこにいた。

43. 答え (A)

解説 each of them は単数扱い

訳文 彼らはめいめい全力を尽くしました。

44. 答え (C)

解説 「あなたか私かどちらかが…」という意味になる

訳文 あなたか私かどちらかが行かねばならない。

Questions

45. A : Is John sick in bed?
B : No, I don't think ------.
(A) it
(B) him
(C) so
(D) such

46. Students came to see me one after ------.
(A) other
(B) another
(C) the other
(D) one

47. She runs as ------ as her brother.
(A) quickly
(B) fast
(C) early
(D) quick

48. Start at once, ------ you'll be late for school.
(A) and
(B) but
(C) for
(D) or

49. He arrived ------ the hotel.
(A) with
(B) at
(C) for
(D) of

Answers

45. 答え (C)
解説 前文の内容を受ける so がくる
訳文 A：ジョンは病気で寝ているのですか？
B：いいえ、違うと思います。

46. 答え (B)
解説 one after another「次から次へ、順々に」
訳文 学生たちが次から次へと私に会いに来た。

47. 答え (B)
解説 quickly, quick は動作の機敏さ、fast は場所を移動する速度、early は時刻、時期の早さを示す
訳文 彼女はお兄さんと同じくらい速く走る。

48. 答え (D)
解説 〈命令文＋ or〉の形「～しなさい、さもないと…」
訳文 すぐに出発しなさい、さもないと学校に遅れますよ。

49. 答え (B)
解説 arrive at ～「～に着く」
訳文 彼はホテルに着いた。

Questions

50. I have three dogs. One is black and ------ are white.
(A) others
(B) the other
(C) the others
(D) other

51. I have not finished my homework ------.
(A) yet
(B) just
(C) still
(D) already

52. We have ------ rain here.
(A) many
(B) any
(C) a few
(D) much

53. There is a small bridge ------ the river.
(A) to
(B) on
(C) over
(D) in

54. I met an old friend of mine on my way ------.
(A) to home
(B) at home
(C) for home
(D) home

Answers

50. 答え (C)

解説 one ~ the others ...「(3つ以上について) 1つは~、残りは…」

訳文 私は犬を3匹飼っている。1匹は黒で、残りは白です。

51. 答え (A)

解説 否定の「まだ」は yet を使う

訳文 まだ宿題を終えていません。

52. 答え (D)

解説 much は物質名詞の量の多いことを表す
rain は物質名詞

訳文 ここは雨が多い。

53. 答え (C)

解説 over the river「川の上に」
接触していないから on ではない

訳文 その川には小さな橋がかかっている。

54. 答え (D)

解説 on one's way home「家へ帰る途中で」
この home は副詞なので、前置詞不要

訳文 私は家へ帰る途中で旧友に会った。

Questions

55. China's territory is ------ larger than ours.
(A) very
(B) such
(C) much
(D) more

56. We need ------ milk.
(A) many
(B) a lot of
(C) a few
(D) few

57. She likes the house her family lives ------.
(A) along
(B) between
(C) in
(D) *none of the others*

58. I think that he ------ tomorrow.
(A) comes
(B) will come
(C) came
(D) has come

Answers

55. 答え (C)

解説 much「ずっと、もっと」は比較級を強める
比較級を強調する副詞はほかに、still, far, even
などがある

訳文 中国の領土は我が国の領土よりずっと広い。

56. 答え (B)

解説 a lot of は数えられる名詞にも数えられない名詞
にも用いることができる

訳文 私たちはたくさんの牛乳を必要としている。

57. 答え (C)

解説 the house her family lives in で「彼女の家族が住
んでいる家」という意味を表す
(D) *none of the others* は ------ 部に何も入らない場
合の選択肢、TOEIC®テストでは *none of above*
「上記のどれでもない」などと表記される

訳文 彼女は彼女の家族が住んでいる家が好きだ。

58. 答え (B)

解説 that 以下は名詞節、「時・条件を表す副詞節の中
では未来のことを現在形で表す」は適用されない

訳文 彼は明日、来ると思う。

Questions

59. I happened to see ------ after ten years.
 (A) a my old friend (B) an old friend of me
 (C) an old my friend (D) an old friend of mine

60. You ------ have to leave here right now.
 (A) can't   (B) aren't
 (C) don't   (D) must

61. I ------ a bath every day.
 (A) go   (B) take
 (C) make   (D) do

62. Nancy has been on good ------ with my sister for more than five years.
 (A) relations   (B) friends
 (C) terms   (D) conditions

63. The population of Australia is smaller than ------ of Japan.
 (A) that   (B) one
 (C) the one   (D) this

59. 答え (D)

解説 an old friend of mine とする

訳文 10年ぶりに偶然、私の古い友人に会った。

60. 答え (C)

解説 don't have to ~「~する必要はない」

訳文 君は今すぐここを立ち去る必要はない。

61. 答え (B)

解説 take a bath「入浴する」

訳文 私は毎日入浴します。

62. 答え (C)

解説 be on good [bad] terms with ~「~と仲がよい [悪い]」

訳文 ナンシーはもう5年以上も私の妹と仲がよい。

63. 答え (A)

解説 that = the population

訳文 オーストラリアの人口は日本より少ない。

Questions

64. One was Rose's and the ------ was her brother Jim's.
 (A) another (B) two
 (C) other (D) one

65. Please turn on the light, ------ you?
 (A) do (B) don't
 (C) will (D) shall

66. This is a birthday present ------ you.
 (A) for (B) in
 (C) to (D) with

67. She wants to live here ------ next Christmas day.
 (A) till (B) while
 (C) in (D) to

68. You'll have to be in the hospital for ------ two weeks.
 (A) other (B) it
 (C) another (D) one

Answers

64. 答え (C)

解説 one ~ the other ...「(2者の中で) 一方は~、他方は…」

訳文 一方はローズので、他方は彼女の弟のジムのだ。

65. 答え (C)

解説 命令文の付加疑問は will you?
否定の命令文の場合も同じ

訳文 明かりをつけてくれますか?

66. 答え (A)

解説 for you「あなたのための」

訳文 これは君への誕生日プレゼントだ。

67. 答え (A)

解説 till「~までずっと」。「継続」を表す

訳文 彼女は次のクリスマスの日まで、ここに住みたがっている。

68. 答え (C)

解説 another two weeks「もう2週間」

訳文 君はもう2週間入院していなければならないだろう。

Questions

69. California is famous ------ its fruit.
(A) of (B) from
(C) for (D) to

70. I feel ------ and sleepy in Mr. Brown's lessons, since he is always using the same material.
(A) bored (B) boring
(C) interested (D) interesting

71. Little ------ how important this meeting is.
(A) does he realize (B) realizes he
(C) do he realizes (D) he do realize

72. I usually go out ------ my camera.
(A) in (B) of
(C) on (D) with

Answers

69. 答え (C)
解説 be famous for ～「～で有名である」
訳文 カリフォルニアは果物で有名である。

70. 答え (A)
解説 （人）＋ feel/be bored「（人）は退屈している」
boring は「(〈人〉を) 退屈させるような」
訳文 ブラウン先生はいつも同じ教材を使ってばかりいるので、彼の授業中は退屈して眠たくなる。

71. 答え (A)
解説 Little does he realize「彼はまったくわからない」
否定語（ここでは little）が文頭にあると、その後は疑問文の語順〈助動詞＋主語＋動詞の原形〉になる（倒置構文）
訳文 彼はこの会議がどれほど大切か、まったくわかっていない。

72. 答え (D)
解説 with my camera「カメラを持って」
訳文 私はたいていカメラを持って外出する。

Questions

73. I will lend you ------ this book or that one.
(A) both
(B) either
(C) neither
(D) one

74. There is not so much water in the dam, because we had ------ rain this summer.
(A) little
(B) never
(C) few
(D) more

75. I'm not busy this morning, and Mike isn't ------.
(A) too
(B) either
(C) also
(D) neither

76. My friends are interested ------ music.
(A) into
(B) from
(C) in
(D) at

Answers

73. 答え (B)
解説 either A or B「AかBかどちらか一方」
訳文 あなたにこの本かそれのどちらか一方を貸します。

74. 答え (A)
解説 rain は物質名詞
little「ほとんど~ない」
訳文 ダムの水は、今年の夏、雨がほとんどなかったため少ない。

75. 答え (B)
解説 too は肯定文に使い、either は否定文に使う。also は、被修飾語の近くに置くのが原則である
訳文 私は今朝忙しくはない、またマイクも忙しくない。

76. 答え (C)
解説 be interested in ~「~に興味がある」
訳文 私の友人は音楽に興味がある。

Questions

77. You must come home before it ------ dark.
   (A) gets
   (B) doesn't get
   (C) won't get
   (D) has got

78. What is the name of the boy Peter is playing ------ ?
   (A) to
   (B) with
   (C) at
   (D) about

79. I think Mt. Fuji is more beautiful than ------ mountain in Japan.
   (A) all
   (B) other
   (C) any other
   (D) any more

80. They were surprised ------ the news.
   (A) to
   (B) in
   (C) with
   (D) at

Answers

77. 答え (A)

解説 時・条件を表す副詞節の中では未来のことを現在形で表す

訳文 君は暗くなる前に家に帰らなければならない。

78. 答え (B)

解説 What is the name of the boy? と Peter is playing with the boy. という2つの文が1つの文になったもの。the boy が先行詞になり、関係代名詞が省略されたもの

訳文 ピーターと遊んでいる少年の名前は何ですか？

79. 答え (C)

解説 〈比較級＋ than any other ＋単数名詞〉で最上級の内容を表す

訳文 富士山は日本の他のどの山よりも美しいと思う。

80. 答え (D)

解説 be surprised at ～「～に驚く」

訳文 彼らはそのニュースに驚いた。

Questions

81. Because his argument was so confusing, ------ people understood it.
   (A) few
   (B) less
   (C) many
   (D) more

82. ------ is more important than water.
   (A) Anything
   (B) Nothing
   (C) Others
   (D) What

83. Because we had ------ sugar, we bought some.
   (A) few
   (B) much
   (C) any
   (D) little

84. Mary can't swim, and John can't ------.
   (A) either
   (B) neither
   (C) too
   (D) so

85. How ------ going on a picnic?
   (A) to
   (B) is
   (C) about
   (D) long

Answers

81. 答え (A)
解説 この場合、people は集合名詞で、数えられる名詞（可算名詞）に分類される。あとは文脈から考える

訳文 彼の議論はとても混乱させるもので、ほとんどの人が理解できなかった。

82. 答え (B)
解説 Nothing is ＋比較級＋ than ～「～ほど…なものはない」

訳文 水ほど重要なものはない。

83. 答え (D)
解説 sugar は物質名詞

訳文 私たちは砂糖がほとんどなかったので少し買った。

84. 答え (A)
解説 否定文の後に「～も…ない」という同様の否定の内容を続ける場合、either を使う

訳文 メアリーは泳げないし、ジョンも泳げない。

85. 答え (C)
解説 How about ～ing?「～するのはどうですか？」

訳文 ピクニックへ行くというのはどうですか？

Questions

86. Birds of ------ flock together.
 (A) a feather
 (B) feather
 (C) feathers
 (D) the feather

87. How do you like your tour of Los Angeles ------ ?
 (A) so many
 (B) so much
 (C) so that
 (D) so far

88. The two sisters help each ------.
 (A) other
 (B) another
 (C) the other
 (D) one

89. This watch is five minutes ------.
 (A) late
 (B) lately
 (C) slow
 (D) slowly

Answers

86. 答え (A)

解説 ... of a [an] ~「~の同じ…」。諺(ことわざ)などで用いられる

不定冠詞 (a, an) には、「同じ、同一の (= same)」という意味の用法がある

訳文 類は友を呼ぶ〈諺〉←同じ羽毛を持つ鳥たちは群れをなす。

87. 答え (D)

解説 so far「今までのところ」

訳文 ロサンゼルスの旅はここまではいかがですか?

88. 答え (A)

解説 each other「(2者の間で) お互いに」→ one another「(3者以上の間で) お互いに」

訳文 その2人の姉妹はお互いに助け合っている。

89. 答え (C)

解説 slow「(時計が) 遅れて」

訳文 この時計は5分遅れている。

Questions

90. Americans use ------ gestures than we do.
(A) many
(B) most
(C) more
(D) much

91. He is much ------ today.
(A) bad
(B) worse
(C) worst
(D) badly

92. I have two cats. One is black and ------ is white.
(A) others
(B) the other
(C) the others
(D) other

93. His answer is different from ------.
(A) my
(B) me
(C) I
(D) mine

Answers

90. 答え (C)

解説 than があるので比較級の more を入れる
この more は many の比較級で、more famous の more とは異なる

訳文 アメリカ人は私たちよりもたくさんのジェスチャーを用いる。

91. 答え (B)

解説 much worse「ずっと悪い」

訳文 彼は今日はずっと悪い。

92. 答え (B)

解説 one ~ the other ...「(2者の中で) 一方は~、他方は…」
残りが限定されるので、必ず the がつく

訳文 私は2匹の猫を飼っている。1匹は黒でもう1匹は白だ。

93. 答え (D)

解説 mine = my answer

訳文 彼の答えは私のとは異なっている。

Questions

94. I feel at ease in her ------.
(A) front
(B) terms
(C) company
(D) friend

95. You ------ to see the doctor at once.
(A) would
(B) should
(C) ought
(D) could

96. My racket isn't good. Please lend me ------.
(A) you
(B) you're
(C) yours
(D) your

97. The man bought those ------ his daughter.
(A) by
(B) for
(C) in
(D) to

98. The girl who is standing by the door is a friend of ------.
(A) her
(B) his
(C) me
(D) you

94. 答え (C)

解説 in one's company「〜と一緒にいると」

訳文 私は彼女と一緒にいると気が休まる。

95. 答え (C)

解説 ought to 〜「〜すべきである」

訳文 君はすぐに医者に診てもらうべきだ。

96. 答え (C)

解説 yours（所有代名詞）= your racket

訳文 私のラケットは良くない。君のを貸してください。

97. 答え (B)

解説 「AにBを買う」はふつう〈buy ＋ A ＋ B〉で表すが、この場合Bが代名詞なので、〈buy ＋ B ＋ 前置詞＋A〉になっている

訳文 その男は自分の娘にそれらを買ってやった。

98. 答え (B)

解説 a friend of his「彼の友人の1人」。選択肢の中で「〜のもの」の意味を表すものは his だけ

訳文 そのドアのそばに立っている女の子は、彼の友人の1人だ。

Questions

99. I'll do this ------, if you don't.
(A) myself
(B) yourself
(C) himself
(D) ourselves

100. Every ------ a new bag.
(A) student has
(B) student have
(C) students have
(D) students had

101. Sending midsummer gifts is a custom ------ to Japan.
(A) particular
(B) polite
(C) curious
(D) peculiar

102. I am learning ------ to cook at school.
(A) on
(B) but
(C) for
(D) how

103. Some girls are playing basketball, and ------ are playing tennis.
(A) they
(B) the other
(C) another
(D) others

Answers

99. 答え (A)

解説 myself「自分で」

訳文 もし君がやらないのなら、私が自分でこれをやるつもりだ。

100. 答え (A)

解説 every は単数名詞につく

訳文 学生は皆、新しいかばんを持っている。

101. 答え (D)

解説 peculiar「独自の、固有の」、particular「特定の」

訳文 夏の半ばに贈り物をするのは、日本固有の慣習だ。

102. 答え (D)

解説 how to ～「～のやり方」

訳文 私は学校で料理のやり方を習っている。

103. 答え (D)

解説 some ～ others ...「～する人もいれば…する人もいる」

訳文 バスケットボールをしている少女もいるし、テニスをしている少女もいる。

Questions

104. He takes great ------ in the education of his children.
(A) pain
(B) pains
(C) so pains
(D) such pain

105. He is ------ Newton.
(A) other
(B) another
(C) one
(D) ones

106. A: There wasn't anyone else there, was there?
B: ------, there wasn't.
(A) Yes
(B) No
(C) Sure
(D) All right

107. ------ you mind lending me a pencil?
(A) Would
(B) Should
(C) Ought
(D) Could

108. The boy had a ------ books in his bag.
(A) few
(B) some
(C) little
(D) much

Answers

104. 答え (B)

解説 take pains in ～「～に苦心する」

訳文 彼は子供の教育に大いに苦心している。

105. 答え (B)

解説 another「第二の」

訳文 彼は第二のニュートンだ。

106. 答え (B)

解説 否定の付加疑問文「～ではないか？」に対して、「はい、（その通り）～ではない」は No で答える No の後には否定文が続く

訳文 A：そこにはほかに誰もいなかったのだね？
B：ええ、誰もいませんでした。

107. 答え (A)

解説 Would you mind ～ing?「～していただけませんか？」

訳文 私に鉛筆を貸していただけませんか？

108. 答え (A)

解説 a few「少しはある」

訳文 その少年はバッグの中に本を数冊持っていた。

Questions

109. He is well-known not ------ in Japan but also in America.
(A) both
(B) either
(C) much
(D) only

110. He is very ------ about losing the race, so don't mention it.
(A) sensible
(B) sensitive
(C) sensual
(D) sensuous

111. She left Tokyo ------ Friday morning.
(A) in
(B) at
(C) on
(D) for

112. Which is longer, the Shinano River ------ the Agano River?
(A) and
(B) or
(C) but
(D) than

Answers

109. 答え (D)
解説 not only A but (also) B「AだけでなくBも」
訳文 彼は日本だけでなく、アメリカでも有名です。

110. 答え (B)
解説 sensible「分別がある」、sensitive「敏感な、過敏な」、sensual「好色な」、sensuous「感性に訴える」
訳文 彼はレースに負けることに神経をとがらせているから、その話はしないで。

111. 答え (C)
解説 ふつうは in the morning だが、特定の日の朝は on を用いる
訳文 彼女は金曜日の朝、東京を発った。

112. 答え (B)
解説 Which ＋比較級, A or B ?「AとBのどちらが～?」
訳文 信濃川と阿賀野川では、どちらが長いですか?

Questions

113. A dragon is an ------ animal.
 (A) imaginative (B) imaginary
 (C) imaginable (D) imagery

114. I don't like this hat. Show me ------.
 (A) other (B) it
 (C) another (D) one

115. Both you and he ------ wrong.
 (A) is (B) are
 (C) be (D) was

116. Someone knocked ------ the door.
 (A) to (B) of
 (C) at (D) from

117. There is ------ snow in Niigata in winter.
 (A) a lot of (B) many
 (C) few (D) a few

Answers

113. 答え (B)
解説 imaginative「想像力の豊かな」、imaginary「想像上の」、imaginable「考えうる」、imagery「イメージ、心像」
訳文 竜は架空の動物だ。

114. 答え (C)
解説 「(不特定の) もう1つ別のもの」は another
訳文 この帽子は気に入らない。別のものを見せてください。

115. 答え (B)
解説 both A and B「AとBの両方とも」
訳文 君と彼、2人とも悪い。

116. 答え (C)
解説 knock at ~「~をたたく」
on を用いることもある
訳文 誰かがそのドアをノックした。

117. 答え (A)
解説 snow は物質名詞で数えられない
訳文 新潟の冬は雪が多い。

Questions

118. ------ of the boys has two rooms.
- (A) Each
- (B) Both
- (C) Many
- (D) Every

119. You have already read today's paper, ------ you?
- (A) don't
- (B) do
- (C) haven't
- (D) have

120. My sister ------ a high school teacher last June.
- (A) married
- (B) married for
- (C) married to
- (D) married with

121. I have been staying ------ my uncle and his family for ten years.
- (A) at
- (B) in
- (C) on
- (D) with

122. My uncle has lived in Osaka (　　) 1975.
- (A) since
- (B) in
- (C) for
- (D) before

Answers

118. 答え (A)

解説 単数扱いの代名詞は Each だけ

訳文 それぞれの少年たちは2部屋所有している。

119. 答え (C)

解説 today's paper「今日の新聞」

訳文 あなたはもう今日の新聞を読んでしまいましたね？

120. 答え (A)

解説 marry ～「～と結婚する」

cf. Tom got married to Mary.（トムはメアリーと結婚した）

訳文 私の妹はさる6月に高校教師と結婚した。

121. 答え (D)

解説 stay wlth ～「～の家に泊まる［滞在する］」
stay with my uncle ＝ stay at my uncle's

訳文 私は10年間、叔父とその家族とともに滞在している。

122. 答え (A)

解説 since は「起点」を表す前置詞

訳文 1975年以来、叔父は大阪に住んでいる。

Questions

123. A captain is in ------ of a ship and its crew.
- (A) charge
- (B) danger
- (C) demand
- (D) sight

124. You must write this word ------ English.
- (A) by
- (B) for
- (C) in
- (D) with

125. I was very ------ at a loss for what to say.
- (A) great
- (B) heavy
- (C) so
- (D) much

126. We have known each other ------ a long time.
- (A) since
- (B) for
- (C) when
- (D) as

127. I will go there if it ------ fine tomorrow.
- (A) will be
- (B) shall be
- (C) is
- (D) be

123. 答え (A)

解説 in charge of ～「～を担当［管理］して」

訳文 船長は船と乗組員の管理をする。

124. 答え (C)

解説 in English「英語で」

訳文 あなたはこの単語を英語で書かなければならない。

125. 答え (D)

解説 be at a loss「とても困っている」は動詞句なので、very much や much によって修飾される

訳文 何と言ったらよいか、ひどく困った。

126. 答え (B)

解説 for a long time「長い間」

訳文 私たちはお互いに長い間の知り合いだ。

127. 答え (C)

解説 時・条件を表す副詞節の中では、未来のことを現在形で表す

訳文 明日晴れなら、私はそこへ行くつもりだ。

Questions

128. America became an industrial country in the ------ half of the nineteenth century.
(A) later
(B) latter
(C) late
(D) latest

129. The boy was afraid ------ dogs.
(A) at
(B) with
(C) of
(D) on

Answers

128. 答え (B)

解説 the latter half「後半」
late「遅い」の比較変化は、(時間が遅い場合)
late-later-latest、(順序が遅い場合) late-latter-last

訳文 アメリカは19世紀後半に産業国になった。

129. 答え (C)

解説 be afraid of ～「～が怖い」

訳文 その少年は犬が怖かった。

Drill 3
速さの中にも確実性を！

Column 英文法の基礎知識【分詞・動名詞】

分詞には、現在分詞（〜ing）と過去分詞（主に〜ed）がある。現在分詞は、be動詞との組み合わせで現在進行形となるが、単独でも「〜している」という能動的な意味がある。一方、過去分詞は、be動詞との組み合わせで受動態を表すが、単独でも「〜された」という受動的な意味がある。どちらも、形容詞として使われることがあるので覚えておこう。

動詞の性質を持ちながら名詞の働きをするのが動名詞（〜ing）である。現在分詞と形が同じだが、分詞は形容詞的、動名詞は名詞的な働きをすることに注意しよう。

Be sure!

Questions

1. She tried to ------ in English.
   (A) make to understand
   (B) understand herself
   (C) make herself understood
   (D) make herself understanding

2. A ------ man will catch at a straw.
   (A) drown   (B) drowning
   (C) drowned   (D) drawn

3. He came into the room when I finished ------.
   (A) eating   (B) to eat
   (C) eaten   (D) eat

4. It stopped ------ this morning.
   (A) to rain   (B) rain
   (C) rains   (D) raining

Answers

1. 答え (C)

解説 make oneself understood
「自分の言うこと[考え]を人にわからせる」

訳文 彼女は英語で彼女の考えを人にわからせる努力をした。

2. 答え (B)

解説 現在分詞の形容詞的用法
「溺(おぼ)れている人」だから、現在分詞を用いる

訳文 溺れる者はわらをもつかむ。〈諺〉

3. 答え (A)

解説 finish ～ing「～し終える」

訳文 私が食べ終わった時、彼が部屋に入ってきた。

4. 答え (D)

解説 stop ～ing「～するのをやめる」
stop to ～「～するために立ち止まる[手を休める]」

訳文 今朝、雨がやんだ。

Questions

5. He was busy ------ cans of peas on a shelf.
 (A) put (B) putting
 (C) to put (D) puting

6. I heard the child ------ bitterly.
 (A) have cry (B) to cry
 (C) crying (D) being crying

7. A：How ------ has he stayed in Japan?
 B：For three months.
 (A) long (B) many
 (C) much (D) nice

8. The children enjoyed ------ in the lake.
 (A) swim (B) to swim
 (C) swimming (D) swam

9. There ------ no bus service, I had to walk home.
 (A) were (B) had
 (C) being (D) having

Answers

5. 答え (B)

解説 be busy ～ing「～するのに忙しい」

訳文 彼はエンドウのかん詰めを棚にのせるのに忙しかった。

6. 答え (C)

解説 hear ＋O＋現在分詞「Oが～しているのを聞く」crying は現在分詞。〈hear ＋O＋過去分詞〉との意味の違いに注目

訳文 私はその子供が激しく泣いているのを聞いた。

7. 答え (A)

解説 How long ～ ?「どのくらいの間～？」

訳文 A：彼は日本にはどのくらい滞在していますか？
B：3カ月です。

8. 答え (C)

解説 enjoy ～ing「～して楽しむ」

訳文 その子供たちは湖で泳ぎを楽しんだ。

9. 答え (C)

解説 独立分詞構文〈理由〉

訳文 バスがなかったので、家まで歩かねばならなかった。

Questions

10. A：Did he ask you ------ there tomorrow?
   B：No, he didn't.
   (A) to go (B) of going
   (C) going (D) to going

11. The man ------ a car is my brother.
   (A) wash (B) washes
   (C) washing (D) washed

12. He has no house ------.
   (A) to live (B) to live in
   (C) to live in it (D) living in

13. This CD player needs ------.
   (A) of repair (B) repairing
   (C) be repaired (D) of reparation

14. Do you want ------ lessons?
   (A) take (B) took
   (C) to take (D) taking

10. 答え (A)

解説 ask ＋ (人) ＋ to ＋動詞の原形「(人) に〜するように頼む」

訳文 A：彼はあなたに明日そこへ行くように頼みましたか？
B：いいえ、頼みませんでした。

11. 答え (C)

解説 The man washing a car「車を洗っている男性」
washing は現在分詞の形容詞的用法

訳文 車を洗っている男性は私の弟です。

12. 答え (B)

解説 to live in「住むための」

訳文 彼には住む家がない。

13. 答え (D)

解説 need 〜ing「〜する必要がある」
同じ意味で want 〜ing を使うこともある

訳文 このＣＤプレーヤーは修理が必要だ。

14. 答え (C)

解説 take lessons「授業を受ける」

訳文 あなたは授業を受けたいですか？

Questions

15. She is looking forward to ------ a trip to New York.
 (A) take for
 (B) go on
 (C) taking for
 (D) going on

16. He went out without ------ on a cap.
 (A) put
 (B) to put
 (C) putting
 (D) being put

17. The question was ------ difficult for me to answer.
 (A) as
 (B) so
 (C) too
 (D) such

18. I want you ------ me with my homework.
 (A) help
 (B) to help
 (C) helped
 (D) helping

19. Last Sunday my father and I went ------ fishing in the river.
 (A) to
 (B) for
 (C) to a
 (D) *none of the others*

15. 答え (D)
解説 look forward to ～ing「～することを楽しみにして待つ」。to は前置詞で動名詞をとる
「旅をする」は go on a trip
訳文 彼女はニューヨークへ旅することを楽しみにして待っている。

16. 答え (C)
解説 without ～ing「～せずに」
訳文 彼は帽子をかぶらずに外出した。

17. 答え (C)
解説 too ～ to ...「あまりに～で…できない」
訳文 その質問はとても難しかったので、私には答えられなかった。

18. 答え (D)
解説 help ＋（人）＋ with ～「～で（人）を手伝う」
訳文 私は君に宿題を手伝ってほしい。

19. 答え (D)
解説 go ～ing「～しに行く」
訳文 この前の日曜日に父と私は川へ釣りに出かけた。

Questions

20. Look at the black cat ------ on the sofa.
 (A) lie (B) lying
 (C) lay (D) lain

21. ------ to the right, you will find the building you want.
 (A) Turn (B) Turned
 (C) Turning (D) Turns

22. My brother told me ------ the car.
 (A) wash (B) washed
 (C) to wash (D) washing

23. Did he advise you against ------ there tomorrow?
 (A) to go (B) of going
 (C) going (D) to going

Answers

20. 答え (B)

解説 lying on the sofa「ソファの上で寝ている」

訳文 ソファの上で寝ている黒猫を見てごらん。

21. 答え (C)

解説 分詞構文〈条件〉
命令文なら you の前に and が必要

訳文 右へ曲がると、お尋ねの建物が見えます。

22. 答え (C)

解説 tell +（人）+ to ～「（人）に～するように言う[命じる]」

訳文 兄は私に車を洗えと言った。

23. 答え (C)

解説 advise +（人）+ against +名詞[～ing]「（人）に～しないよう忠告する」

訳文 彼は君に明日そこに行かないほうがいいと忠告しましたか？

Questions

24. This is a dress of her own ------.
(A) designer (B) designed
(C) designing (D) to design

25. They often came to this pond ------ fish.
(A) caught (B) catching
(C) to catch (D) catch

26. The oil ------ countries are rapidly developing their economies.
(A) producing (B) product
(C) produced (D) products

27. He walked on and on without ------ where to go.
(A) know (B) knowing
(C) to know (D) known

24. 答え (C)

解説 of one's own ～ing「自身が～したもの」
This is a dress of her own design. の形もよく使われる

訳文 これは彼女自身がデザインしたドレスだ。

25. 答え (C)

解説 to catch「捕るために」

訳文 彼らは魚を捕るためにしばしばこの池に来た。

26. 答え (A)

解説 countries と produce は「国が・(石油を) 産出する」という能動の関係だから現在分詞

訳文 石油産出国は急激に経済を成長させている。

27. 答え (B)

解説 without ～ing「～せずに」
on and on「どんどん」

訳文 彼はどこへ行くのかも知らずに、どんどん歩いていった。

Questions

28. I don't know ------ to tame a lion.
(A) what (B) play
(C) how (D) way

29. Thank you for ------ me to the party.
(A) inviting (B) to invite
(C) invited (D) invite

30. It's very nice ------ you to show me the way to the museum.
(A) for (B) with
(C) of (D) to

31. Cars ------ in Japan are popular in America.
(A) made (B) knowing
(C) spoken (D) drive

32. He saw an old man ------ beside the water.
(A) stands (B) stood
(C) standing (D) to stand

28. 答え (C)
解説 how to tame 〜「〜の飼いならし方」
〈疑問詞＋ to 不定詞〉で名詞句を作る方法
訳文 私はライオンの飼いならし方を知らない。

29. 答え (A)
解説 動名詞は前置詞の目的語になれる
訳文 パーティーへのご招待をありがとう。

30. 答え (C)
解説 〈It is 〜 of ＋(人)＋ to ...〉の形
訳文 博物館へ行く道を教えてくださって、ありがとうございます。

31. 答え (A)
解説 Cars made in Japan「日本で作られた車」
made は過去分詞の形容詞的用法
訳文 アメリカでは日本車は人気がある。

32. 答え (C)
解説 see ＋O＋〜ing「Oが〜しているのを見る」
訳文 彼は1人の老人が水辺に立っているのを見た。

Questions

33. Dr. Sato told us ------ kind to old people.
 (A) are
 (B) to be
 (C) will be
 (D) be

34. Would you mind ------ the window?
 (A) open
 (B) to open
 (C) opening
 (D) opened

35. Sometimes people are too far away for their voices to ------ us.
 (A) reach
 (B) have
 (C) show
 (D) hear

36. I'm busy ------ for the next exam.
 (A) to prepare
 (B) prepared
 (C) prepare
 (D) preparing

37. He gave up ------.
 (A) smoke
 (B) to smoke
 (C) smoking
 (D) smoked

Answers

33. 答え (B)
解説 ⟨tell + (人) + to ~⟩ の形
訳文 佐藤博士は私たちに老人には親切にするようにとおっしゃった。

34. 答え (C)
解説 Would you mind ~ ?「~してくれませんか?」mind の後は ~ing 形
訳文 窓を開けてくれませんか?

35. 答え (A)
解説 too ~ to ... の構文。「聞く」のは「私たち」のほうだから、「届く」の reach が適当
訳文 時には、人々が遠すぎて声が私たちに届かないことがある。

36. 答え (D)
解説 be busy ~ing「~するのに忙しい」
訳文 私は次の試験の準備で忙しい。

37. 答え (C)
解説 give up ~ing「~するのをあきらめる」
訳文 彼は禁煙した。

Questions

38. I am looking forward to ------ to the record.
(A) listen (B) listening
(C) being listened (D) listened

39. Betty ------ speaking in front of such a large audience.
(A) used not to (B) did not used to
(C) is not used to (D) is used not to

40. The picture ------ by my uncle is in the living room.
(A) drawing (B) seen
(C) taken (D) to write

41. His sister finished ------ his room.
(A) to clean (B) cleans
(C) cleaned (D) cleaning

Answers

38. 答え (B)
解説 look forward to ~ing「~することを楽しみにする」

訳文 私はそのレコードを聞くのを楽しみにしている。

39. 答え (C)
解説 be/get used to ~ing「~することに慣れている／慣れる」

cf. used to ~「よく~したものだ」

訳文 ベティはそんな多くの聴衆の前で話すことに慣れていない。

40. 答え (C)
解説 take a picture「写真を撮る」

訳文 私の叔父が撮った写真が居間にある。

41. 答え (D)
解説 finish も動名詞を目的語にする

訳文 彼の妹は彼の部屋の掃除を終えた。

Questions

42. We heard the birds ------ among the trees.
(A) singing
(B) sang
(C) to sing
(D) are singing

43. Show me ------ to play the guitar.
(A) how
(B) what
(C) why
(D) which

44. We didn't anticipate ------ a new car.
(A) their buying
(B) they're buying
(C) for their buying
(D) for them to buy

45. I'm fond of ------ the *koto*.
(A) play
(B) playing
(C) to play
(D) played

Answers

42. 答え (A)
解説 see, hear などの知覚動詞はＳＶＯＣ文型をとり補語Ｃに動詞の原形または現在分詞がきて「Ｏが〜する[している]のを…」という意味になる

訳文 私たちは木々の間で小鳥がさえずっているのを聞いた。

43. 答え (A)
解説 how to play the guitar「ギターの弾き方」

訳文 ギターの弾き方を私に教えてください。

44. 答え (A)
解説 動名詞の意味上の主語は所有格（口語では目的格のこともある）

訳文 私たちは彼らが新しい車を買うのを期待したりはしなかった。

45. 答え (B)
解説 be fond of 〜「〜が好きだ」

訳文 私は琴を演奏するのが好きだ。

Questions

46. He became more and more ------ in it.
 (A) interest
 (B) interested
 (C) interesting
 (D) to interest

47. Was it too difficult for him ------ this book?
 (A) reads
 (B) read
 (C) to read
 (D) was reading

48. It is easy ------ ride a horse.
 (A) of him to
 (B) by him to
 (C) for him to
 (D) with him to

49. I feel like ------ in the park.
 (A) walk
 (B) to walk
 (C) walking
 (D) walked

50. My brother didn't know ------ to play the game.
 (A) who
 (B) how
 (C) what
 (D) whose

51. Let's go ------ this afternoon.
 (A) shopping
 (B) to shop
 (C) to shopping
 (D) to the shopping

Answers

46. 答え (B)
- **解説** become interested in ～「～に興味を持つようになる」
- **訳文** 彼はますますそれに興味を持つようになった。

47. 答え (C)
- **解説** it は形式主語で to read this book が真主語
- **訳文** この本を読むことは彼には難しすぎましたか？

48. 答え (C)
- **解説** 不定詞 to ride ～の意味上の主語は him
- **訳文** 彼にとって［彼が］馬に乗るのは容易だ。

49. 答え (C)
- **解説** feel like ～ing「～したいような気がする」
- **訳文** 公園を歩きたいような気がする。

50. 答え (B)
- **解説** how to play the game「そのゲームの仕方」
- **訳文** 弟はそのゲームの仕方を知らなかった。

51. 答え (A)
- **解説** go shopping「買い物に行く」
- **訳文** 今日の午後、買い物に行きましょう。

Questions

52. Look at the girl ------ to an American.
    (A) speaks
    (B) to speak
    (C) speaking
    (D) who speak

53. My teacher told me ------ the window.
    (A) not open
    (B) do not open
    (C) not to open
    (D) not opening

54. Would you mind my ------ next to you?
    (A) sit
    (B) to sit
    (C) sitting
    (D) seat

55. You must remember ------ this letter on your way to school.
    (A) post
    (B) posting
    (C) to post
    (D) posted

Answers

52. 答え (C)
解説 speak to ~「~に話しかける」
訳文 アメリカ人に話しかけているあの少女を見なさい。

53. 答え (C)
解説 tell +（人）+ not to ~「（人）に~しないように言う」
訳文 先生は私に窓を開けてはいけないとおっしゃった。

54. 答え (C)
解説 Would you mind my ~ing?「（私が）~してもかまいませんか？」
訳文 あなたの隣に座ってもかまいませんか？

55. 答え (C)
解説 remember to ~「忘れずに~する」
cf. remember ~ing「~したことを覚えている」
訳文 学校に行く道で、この手紙を忘れずにポストに入れなさい。

Questions

56. We saw her ------ the room.
 (A) to leave (B) left
 (C) leave   (D) leaves

57. You'd better ------ now.
 (A) go   (B) goes
 (C) to go (D) going

58. I had ------ eggs for breakfast.
 (A) boil   (B) boiling
 (C) boiled (D) boils

59. I'll show you a watch ------ good time.
 (A) keep   (B) keeping
 (C) kept   (D) have kept

60. Look at the cow ------ on the grass.
 (A) lay   (B) lying
 (C) laying (D) to lie

Answers

56. 答え (C)
解説 see, hear などの知覚動詞はＳＶＯＣ文型で補語Ｃに動詞の原形をとり、「Ｏが〜するのを…」という意味になる
訳文 私たちは彼女が部屋から出るのを見た。

57. 答え (A)
解説 had better ＋動詞の原形「〜したほうがよい」
訳文 君は今、行ったほうがよい。

58. 答え (C)
解説 過去分詞の形容詞的用法
「卵が・ゆでられる」という受動の関係だから、過去分詞 boiled を用いる
訳文 私は朝食にゆで卵を食べた。

59. 答え (B)
解説 a watch keeping good time「時間の正確な時計」
訳文 あなたに時間の正確な時計を見せましょう。

60. 答え (B)
解説 lie の現在分詞は lying
訳文 草の上で寝ている牛を見てごらん。

Questions

61. She finished ------ a letter.
   (A) write
   (B) wrote
   (C) writing
   (D) to write

62. Mary is very fond of ------ tennis.
   (A) play
   (B) to play
   (C) plays
   (D) playing

63. He completed the finest novel ever ------ in America.
   (A) to write
   (B) wrote
   (C) written
   (D) writing

64. I'm sorry to have kept you ------ this long.
   (A) waited
   (B) waiting
   (C) wait
   (D) to wait

65. Give me something hot ------ drink.
   (A) in
   (B) on
   (C) to
   (D) *none of the others*

Answers

61. 答え (C)

解説 finish は目的語に動名詞をとるが、不定詞はとれない

訳文 彼女は手紙を書き終えた。

62. 答え (D)

解説 be fond of ～ing「～することが好きである」

訳文 メアリーはテニスがとても好きだ。

63. 答え (C)

解説 the novel ever written「かつて書かれた小説」

訳文 彼はアメリカでかつて書かれたことのあるうちで、最も立派な小説を完成した。

64. 答え (B)

解説 keep ＋O＋現在分詞「Oを～させ続ける」

訳文 こんなに長く待たせてごめんなさい。

65. 答え (C)

解説 不定詞の形容詞的用法
something hot to drink「温かい飲み物」

訳文 何か温かい飲み物をください。

Questions

66. I'm sure you'll enjoy ------ in the country.
 (A) to drive
 (B) driven
 (C) to be driving
 (D) driving

67. He laughed aloud and was told ------ quiet.
 (A) doing
 (B) to be
 (C) to do
 (D) being

68. He was kind ------ to drive me home.
 (A) as
 (B) enough
 (C) so
 (D) very

69. Two days ago, I got a letter ------ in English.
 (A) to write
 (B) wrote
 (C) written
 (D) writing

70. I have a lot of things ------ tomorrow.
 (A) do
 (B) done
 (C) to do
 (D) doing

Answers

66. 答え (D)

解説 enjoy の後は動名詞

訳文 きっとあなたは田舎(いなか)でドライブを楽しめるでしょう。

67. 答え (B)

解説 〈tell ＋（人）＋ to ～〉の構文が受動態になった形。したがって、tell のすぐ後に不定詞がきている

訳文 彼は大声で笑い、静かにしなさいと言われた。

68. 答え (B)

解説 「親切にも～してくれた」は be kind enough to ～で表す

訳文 彼は親切にも車で私の家まで送ってくれた。

69. 答え (C)

解説 a letter written in English「英語で書かれた手紙」

訳文 2日前、私は英語で書かれた手紙を受けとった。

70. 答え (C)

解説 to do は things を修飾している

訳文 私には明日することがたくさんある。

Questions

71. We watched an ------ baseball game on TV last night.
(A) excited (B) exciting
(C) excite (D) excitedly

72. Do you know the boy ------ in the sea?
(A) swim (B) swims
(C) swum (D) swimming

73. I must remember ------ this paper tomorrow.
(A) to hand in (B) to have handed in
(C) handing in (D) having handed in

74. They insisted ------ use of the opportunity.
(A) for me to make (B) for my making
(C) on my making (D) me to take

Answers

71. 答え (B)

解説 exciting「はらはらする」(形容詞)

訳文 私たちは昨夜、テレビではらはらする野球の試合を見た。

72. 答え (D)

解説 the boy swimming in the sea「海で泳いでいる少年」

訳文 あなたは海で泳いでいるあの少年を知っていますか?

73. 答え (A)

解説 remember は動名詞と不定詞の両方を目的語にとる。過去のことを述べる時には動名詞を用いる。ここでは tomorrow があるから不定詞になる

訳文 私は明日忘れずにこのレポートを提出しなければならない。

74. 答え (C)

解説 insist on ＋動名詞の意味上の主語 (S) ＋動名詞「Sが～することを要求する [主張する]」
Sは所有格。口語では、目的格になることもある

訳文 彼らは私がその機会を利用するように強く言った。

Questions

75. Stop ------ and listen to me.
 (A) talk   (B) talked
 (C) talking   (D) to talk

76. I am not ashamed ------ very poor.
 (A) on   (B) being
 (C) of   (D) of being

77. His sister finished ------ the window.
 (A) clean   (B) cleans
 (C) cleaned   (D) cleaning

78. My mother enjoyed ------ to the music.
 (A) listen   (B) to listen
 (C) listened   (D) listening

79. Please close the windows before ------ the room.
 (A) and leaving   (B) leaving
 (C) to leave   (D) you left

Answers

75. 答え (C)

解説 stop は動名詞を目的語とする

訳文 話をやめて聞いてくれ。

76. 答え (D)

解説 be ashamed of ～ing「～することを恥じる」

訳文 私はひどく貧乏であることを恥じてはいない。

77. 答え (D)

解説 finish ～ing「～し終える」

訳文 彼の妹は窓をふき終えた。

78. 答え (D)

解説 enjoy は目的語に動名詞をとれるが不定詞はとれない

訳文 私の母はその音楽を聞いて楽しんだ。

79. 答え (B)

解説 前置詞（before）の後に不定詞は使えない

訳文 部屋を出る前に窓を閉めてください。

Questions

80. Have you ever heard the song ------ in French?
 (A) sang
 (B) to sing
 (C) singing
 (D) sung

81. It was great fun ------ me to do the work.
 (A) at
 (B) for
 (C) to
 (D) on

82. Was ------ easy for you to climb Mt. Fuji in winter?
 (A) this
 (B) they
 (C) it
 (D) its

83. She sometimes enjoys ------ with her friends.
 (A) talked
 (B) to talk
 (C) talking
 (D) talk

Answers

80. 答え (D)

解説 hear＋O＋過去分詞「Oが〜されるのを聞く」
feel, see, hear などの知覚動詞はこのような形をとる。sung は過去分詞

訳文 その歌がフランス語で歌われるのをかつて聞いたことがありますか？

81. 答え (B)

解説 for me「私にとって」
不定詞の意味上の主語を示す

訳文 私にとって、その仕事をすることはとても楽しかった。

82. 答え (C)

解説 it は to climb 以下をさす形式主語

訳文 冬に富士山に登ることは、君にとって簡単なことでしたか？

83. 答え (C)

解説 enjoy は目的語に動名詞をとる

訳文 彼女は時々、彼女の友達と楽しくおしゃべりをする。

Questions

84. He objected to ------ a trip to Kyoto.
(A) take for
(B) go on
(C) taking for
(D) going on

85. I have two pictures ------ by the famous painter.
(A) drawing
(B) to draw
(C) drew
(D) drawn

86. There are many places ------ in Kyoto.
(A) visit
(B) to visit
(C) have visited
(D) visiting

87. Who is the girl ------ upstairs?
(A) sing a song
(B) singing a song
(C) sings a song
(D) to sing a song

88. My father told me ------ too much money.
(A) not spend
(B) do not spend
(C) not to spend
(D) not spending

Answers

84. 答え (D)
解説 object to ~ing 「~することに反対する」
訳文 彼は京都へ旅行することに反対した。

85. 答え (D)
解説 drawn by the painter 「画家によって描かれた」
draw-drew-drawn
訳文 私はその有名な画家によって描かれた絵を2枚持っている。

86. 答え (B)
解説 places を修飾できるものは to visit
訳文 京都には多くの訪れるべき場所がある。

87. 答え (B)
解説 現在分詞に他の語句がついた形で後ろから名詞を修飾する
訳文 上の階で歌を歌っている女性は誰ですか?

88. 答え (C)
解説 不定詞を否定にするには、to の前に not を置けばよい。「~しないように言った」という意味になる
訳文 父は私にお金を使いすぎないようにと言った。

Questions

89. She went ------ me without saying hello.
(A) pass
(B) passing
(C) past
(D) to pass

90. Do you ------ to my smoking here?
(A) mind
(B) allow
(C) object
(D) like

91. Father has just finished ------ the book.
(A) reading
(B) to read
(C) read
(D) having read

92. The boy ------ on the chair is her brother.
(A) sat
(B) sitting
(C) sits
(D) to sit

93. Look at the boy ------ a song on the stage.
(A) is singing
(B) to sing
(C) singing
(D) sang

Answers

89. 答え (C)

解説 go past ＋（人）＋ without ～ing「～もせずに（人）の前を素通りする」

訳文 彼女は挨拶もせずに私の前を素通りした。

90. 答え (C)

解説 object to ～ing「～することに反対だ」
cf. mind ～*ing*「～することを気にする」

訳文 君はここで私がタバコを吸うことに反対ですか？

91. 答え (A)

解説 finish は目的語に動名詞をとれるが、不定詞はとれない

訳文 父はちょうどその本を読み終えた。

92. 答え (B)

解説 現在分詞の形容詞的用法

訳文 イスに座っている少年は彼女の弟です。

93. 答え (C)

解説 the boy singing a song「歌を歌っている少年」
singing は現在分詞の形容詞的用法

訳文 ステージで歌を歌っている少年を見てください。

Questions

94. He felt his eyes ------ by a blaze of light.
 (A) dazzle
 (B) dazzled
 (C) dazzling
 (D) to dazzle

95. He insisted on ------ the window.
 (A) open
 (B) to open
 (C) opening
 (D) opened

96. It's ------ far to walk. So take any bus at the bus stop over there.
 (A) too
 (B) enough
 (C) only
 (D) never

97. You will find the word "psychology" ------ under "P" in your dictionary.
 (A) list
 (B) listed
 (C) listing
 (D) to list

Answers

94. 答え (B)

解説 feel ＋O＋過去分詞「Oが〜されるのを感じる」
dazzle「(人の目)をくらませる」

訳文 彼は自分の目が強烈な光でくらくらするのを感じた。

95. 答え (C)

解説 insist ＋ on 〜ing「〜することをせがむ、強く要求する」

訳文 彼は窓を開けるようせがんだ。

96. 答え (A)

解説 too far to walk「歩くには遠すぎる」

訳文 歩くには遠すぎます。あそこのバス停からどのバスにでも乗りなさい。

97. 答え (B)

解説 find ＋O＋過去分詞「Oが〜されているのを見つける」
(be) listed under 〜「〜の下にリストアップされている、〜の項にあげられている」

訳文 "psychology"［心理学］という単語は、辞書の"P"の項にあげられているのを見つけることができる。

Questions

98. You had better ------ at once.
(A) to start (B) starting
(C) start (D) started

Answers

98. 答え (C)

解説 had better の後には原形不定詞（to のない不定詞）がくる

訳文 君はすぐ出発したほうがよい。

Drill 4
見直しの癖を身につける！

Column 英文法の基礎知識【形容詞】

形容詞は名詞・代名詞を修飾するが、文の補語にもなる。
形容詞には原級・比較級・最上級という変化形がある。多くは、比較級には語尾に〜erをつける。最上級は語尾に〜estをつけてつくり、通常は語の前にtheをつける。綴りが長いものは語の前にmore, (the) mostをつけて比較級、最上級とする。しかし、例外的な変化形を持つものがいくつかあるので注意しよう。

Review your answers!

Questions

1. She is a good teacher ------ speaks English well.
   (A) who
   (B) whose
   (C) whom
   (D) when

2. Who has ------ him such a nice present?
   (A) give
   (B) gave
   (C) given
   (D) giving

3. Mr. Smith ------ to his country last week.
   (A) already left
   (B) has been
   (C) has gone back
   (D) went back

4. I want to give ------ little money I have to you.
   (A) how
   (B) what
   (C) it
   (D) which

5. When ------ to America?
   (A) has he been
   (B) has he gone
   (C) did he go
   (D) did he went

Answers

1. 答え (A)

解説 関係代名詞 who（主格）の後ろには動詞がくる

訳文 彼女は英語を上手に話す立派な先生だ。

2. 答え (C)

解説 現在完了形は have [has] ＋過去分詞

訳文 誰が彼にそのようなすてきな贈り物をしたのですか？

3. 答え (D)

解説 last week や yesterday のような、明らかに過去を表す副詞（句）がある場合は現在完了形は用いられない

訳文 スミス氏は先週、彼の国へ戻った。

4. 答え (B)

解説 what little ～ I have「少ないながらあるだけの～」

訳文 私は少ないながらあるだけの金を君にあげたい。

5. 答え (C)

解説 when で始まる疑問文の中では、現在完了形は使えない

訳文 彼はいつアメリカへ行ったのですか？

Questions

6. Did you get ------ the station at ten?
(A) in (B) to
(C) on (D) at

7. My mother ------ him for five years.
(A) was known (B) have known
(C) has known (D) is known

8. I've known him ------ he was a boy.
(A) since (B) from
(C) for (D) when

9. She became very ------ at speaking English.
(A) well (B) happy
(C) good (D) nice

10. A：Have a nice trip, Tom, and come home safe.
B：------
(A) That sounds like a lot of fun.
(B) Yes. Here you go.
(C) Good-by, see you tomorrow.
(D) Thank you. I'm sure I will.

Answers

6. 答え (B)

解説 get to ~「~に着く」

訳文 君は10時に駅に着きましたか？

7. 答え (C)

解説 「期間」を表す for があるので現在完了形

訳文 私の母は5年間彼を知っている。

8. 答え (A)

解説 since ~「~以来」。when では過去のある時点を表すことになるため、不適切

訳文 私は彼が少年だった頃から彼を知っている。

9. 答え (C)

解説 become good at ~ing「~するのが得意になる」

訳文 彼女は英語をしゃべるのがとても得意になった。

10. 答え (D)

解説 I'm sure I will.「きっとそうします」

訳文 A：トム、よい旅行をして無事に帰っていらっしゃいよ。
B：ありがとう。きっとそうします。

Questions

11. Stars can be ------ at night.
(A) see (B) seeing
(C) seen (D) to see

12. I ------ for my friend here for an hour.
(A) am waited (B) have been waiting
(C) have waiting (D) have been waited

13. He was used ------ getting up early in the morning.
(A) for (B) to
(C) in (D) at

14. Mars also goes around ------.
(A) the sun (B) Jupiter
(C) Mercury (D) Saturn

15. A : Are you going to read the book?
B : No. I have ------ read it.
(A) soon (B) get
(C) very (D) already

Answers

11. 答え (C)

解説 受動態。see-saw-seen

訳文 夜には星が見える。

12. 答え (B)

解説 for ～があるので現在完了進行形

訳文 私はここで1時間友人を待っている。

13. 答え (B)

解説 be used to の to の後には名詞にあたるものがくる

訳文 彼は早起きには慣れていた。

14. 答え (A)

解説 (A)「太陽」、(B)「木星」、(C)「水星」、(D)「土星」

訳文 火星もまた太陽のまわりを回っている。

15. 答え (D)

解説 already「もう」は肯定の平叙文に、yet「まだ、もう」は否定文・疑問文に用いる

訳文 A：あなたはその本を読むつもりですか？
B：いいえ。私はもうすでに読みました。

Questions

16. All is not gold ------ glitters.
 (A) that (B) what
 (C) whose (D) who

17. Kyoto is the most interesting city ------ I have ever visited.
 (A) that (B) when
 (C) what (D) where

18. That is the year ------ the war ended.
 (A) where (B) when
 (C) that (D) which

19. I have not ------ from my friend in Akita since last year.
 (A) forgot (B) remember
 (C) called (D) heard

20. What has ------ of my daughter?
 (A) become (B) became
 (C) becoming (D) to become

Answers

16. 答え (A)

解説 先行詞が All であることに着目

訳文 光るもの必ずしも金ならず。〈諺〉

17. 答え (A)

解説 先行詞に形容詞の最上級や only, all などがついている時は、関係代名詞はふつう that になる

訳文 京都は私がこれまでに訪れた最も興味のある都市だ。

18. 答え (B)

解説 the year when the war ended「戦争が終わった年」

訳文 それは戦争が終わった年だ。

19. 答え (D)

解説 hear from ～「～から便りがある」

訳文 去年以来、秋田の友達から便りがない。

20. 答え (A)

解説 What has become of ～?「～はどうなりましたか?」

訳文 私の娘はどうなりましたか?

Questions

21. That clock is ------ Big Ben.
 (A) call (B) calls
 (C) called (D) calling

22. I haven't seen Tom ------ last Monday.
 (A) on (B) for
 (C) from (D) since

23. He has no friend ------ he can talk.
 (A) whom (B) with whom
 (C) by whom (D) who

24. A：Will you pass me the sugar?
 B：------ you are.
 (A) That (B) This
 (C) Here (D) There

Answers

21. 答え (C)

解説 call A B「AをBと呼ぶ」
受動態はA is called B の形になる

訳文 あの時計はビッグ・ベンと呼ばれている。

22. 答え (D)

解説 「〜以来」なので since

訳文 この前の月曜日以来、トムに会っていない。

23. 答え (B)

解説 He has no friend. ＋ He can talk with him (＝ a friend). 先行詞の friend と同一人物の him が目的格だから、whom にかえてつなぐ
この場合、whom の前に talk with の前置詞 with が必要になる

訳文 彼には話のできる友人がいない。

24. 答え (C)

解説 Here you are.「さあ、どうぞ」

訳文 A：砂糖をとってくれませんか？
B：さあ、どうぞ。

Questions

25. Get ------ the bus at the next stop.
(A) off
(B) to
(C) up
(D) out

26. There are a lot of pupils in the class ------ have to work hard.
(A) who
(B) which
(C) where
(D) when

27. He is the only man in our village ------ has been to Australia.
(A) whose
(B) which
(C) that
(D) where

28. What language is ------ in your country?
(A) speak
(B) speaks
(C) spoke
(D) spoken

Answers

25. 答え (A)
解説 get off ~「(列車・バスなど) から降りる」⇔ get on ~「~に乗る」
訳文 次のバス停で降りなさい。

26. 答え (A)
解説 There are a lot of pupils in the class. ＋ They have to work hard.、先行詞の pupils と同一の They が人間で主格だから who を用いる
訳文 教室には、一生懸命勉強しなければならない生徒がたくさんいる。

27. 答え (C)
解説 the only man と先行詞に the only がついているので、関係代名詞は that
訳文 彼は私たちの村で唯一オーストラリアへ行ったことがある人だ。

28. 答え (D)
解説 speak の過去分詞
訳文 あなたの国では何語が話されていますか？

Questions

29. The house ------ he lives in is a large one.
   (A) why (B) how
   (C) whose (D) which

30. Please help yourself ------ the cake.
   (A) with (B) over
   (C) on (D) to

31. The ground was covered ------ white snow.
   (A) of (B) by
   (C) with (D) in

32. A : May I speak to John, please?
   B : I'm sorry, but he's not home. He's ------ to Kyoto.
   (A) been (B) gone
   (C) going (D) being

Answers

29. 答え (D)

解説 関係代名詞が前置詞の目的語になっている

The house is a large one. と He lives in the house. が結びついたもの

The house in which he lives is a large one. と言うこともできる

訳文 彼が住んでいる家は大きな家だ。

30. 答え (D)

解説 help oneself to ～「～を自由に自分でとって食べる」

訳文 どうぞご自由にそのケーキをお召し上がりください。

31. 答え (C)

解説 be covered with ～「～でおおわれている」

訳文 地面は白い雪でおおわれていた。

32. 答え (B)

解説 been を選ぶと「行ってきたところだ、行ったことがある」になってしまう

訳文 A：ジョンはいらっしゃいますか？
B：あいにくですが、彼はいません。彼は京都に行っています。

Questions

33. The man gave me all the money ------ he had.
 (A) who (B) that
 (C) whose (D) what

34. He learned everything ------ he could know about the Trojan War.
 (A) whose (B) who
 (C) that (D) what

35. Some fish will be ------ in the river.
 (A) catches (B) catch
 (C) caught (D) catching

36. Many people in Kochi are interested ------ Ryoma Sakamoto.
 (A) for (B) in
 (C) of (D) at

Answers

33. 答え (B)
解説 先行詞に all がついているので、関係代名詞は that

訳文 その男は私に彼の持っているすべてのお金をくれた。

34. 答え (C)
解説 先行詞が everything なので、関係代名詞は that

訳文 彼はトロイ戦争について知り得る限りのあらゆることを学んだ。

35. 答え (C)
解説 will be ＋過去分詞「～されるでしょう」
some「ある種の」

訳文 ある種の魚はその川でとれるでしょう。

36. 答え (B)
解説 be interested in ～「～に興味を持っている」

訳文 高知の人々の多くは坂本龍馬に興味を持っている。

Questions

37. A：Do I have to put ------ a sweater?
B：No, you don't.
(A) in (B) out
(C) over (D) on

38. This story was written by a woman from France ------ visited Japan in 1970.
(A) who (B) whose
(C) which (D) whom

39. They are an American couple ------ I've known for nine years.
(A) who (B) whose
(C) whom (D) which

40. Her sister is ------ as a good pianist.
(A) know (B) knew
(C) known (D) knowing

Answers

37. 答え (D)
解説 put on ~「(衣類・靴・帽子など) を着用する [身につける]」⇔ take off ~「~を脱ぐ」

訳文 A：セーターを着なければいけませんか？
B：いいえ、その必要はありません。

38. 答え (A)
解説 This story was written by a woman from France. ＋ She visited Japan in 1970.
主格だから関係代名詞 who がくる

訳文 この物語は、1970年に日本を訪れたフランス出身の女性によって書かれた。

39. 答え (C)
解説 They are an American couple. ＋ I've known them for nine years. だから、目的格の whom を選ぶ

訳文 彼らは、私が9年間知っているアメリカ人のカップルだ。

40. 答え (C)
解説 as a good pianist「すばらしいピアニストとして」

訳文 彼女の妹はすばらしいピアニストとして知られている。

Questions

41. If you go east from New York by plane, you will first fly over ------.
(A) the Pacific Ocean (B) the Atlantic Ocean
(C) Chicago (D) Washington D.C.

42. This is the reason ------ he must work hard.
(A) why (B) how
(C) where (D) because

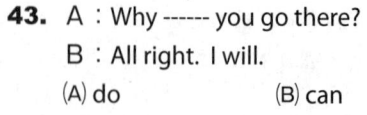

43. A : Why ------ you go there?
B : All right. I will.
(A) do (B) can
(C) would (D) don't

44. The languages which ------ in Canada are English and French.
(A) are spoken (B) speaking
(C) spoken (D) spoke

Answers

41. 答え (B)
解説 ニューヨークから東へ飛ぶと、まず大西洋

訳文 もしニューヨークから東へ飛行機で行ったら、君はまず大西洋上を飛ぶでしょう。

42. 答え (A)
解説 先行詞は the reason なので、関係副詞は why

訳文 こういうわけで、彼は一生懸命に働かなければならない。

43. 答え (D)
解説 Why don't you ～ ?「～したらどうですか?」

訳文 A：そこへ行ったらどうですか?
B：そうだね。そうしよう。

44. 答え (A)
解説 which がなければ spoken（過去分詞）が入り、前の languages を修飾

訳文 カナダで話されている言語は英語とフランス語である。

Questions

45. Mr. Yoshida is away from the office. He ------ in San Francisco since March.
(A) will be
(B) was
(C) has been
(D) is

46. Please sit down and make yourself at ------.
(A) easy
(B) chair
(C) once
(D) home

47. I am waiting ------ my friend.
(A) to
(B) on
(C) in
(D) for

48. ------ have you been to Kyoto?
(A) When
(B) Where
(C) How often
(D) How many time

49. I ------ in hospital for two weeks when the new term started.
(A) am
(B) have been
(C) was
(D) had been

Answers

45. 答え (C)
解説 away from ~「~からはなれて」
訳文 吉田さんは会社を不在にしている。彼は3月以来、サンフランシスコにいる。

46. 答え (D)
解説 make oneself at home「くつろぐ、楽にする」
訳文 どうぞ座って楽にしてください。

47. 答え (D)
解説 wait for ~「~を待つ」
訳文 私は友人を待っている。

48. 答え (C)
解説 How often ~ ?「何度~?」
(D)は How many times なら正しい
訳文 京都へは何度行きましたか?

49. 答え (D)
解説 「新学期までの2週間」だから、過去完了（had＋過去分詞）
訳文 新学期が始まった時、私は入院して2週間だった。

Questions

50. Mike is ------ for his good sense of humor.
 (A) known
 (B) knew
 (C) know
 (D) knowing

51. In a little town in England there was a boy ------ name was Paul.
 (A) which
 (B) who
 (C) whose
 (D) whom

52. People in Austria speak ------.
 (A) Latin
 (B) German
 (C) Austrian
 (D) Greek

53. A：I'm sorry for being late.
 B：Oh, ------.
 (A) here you are
 (B) you are quite welcome
 (C) that's all right
 (D) here it is

Answers

50. 答え (A)
解説 be known for ~「~で知られている」
訳文 マイクはユーモアのセンスがよいことで知られている。

51. 答え (C)
解説 関係代名詞 whose（所有格）の後ろには無冠詞の名詞がくる
訳文 イングランドの小さな町に名前がポールという少年がいた。

52. 答え (B)
解説 (A)「ラテン語」、(B)「ドイツ語」、(C)「オーストリア人」、(D)「ギリシャ語」
訳文 オーストリアの人々はドイツ語を話す。

53. 答え (C)
解説 It's［That's］all right. は相手がお礼を言ったり、謝ったりした時の返事である
訳文 A：遅くなってすみません。
B：いや、かまわないよ。

Questions

54. My grandfather has been ------ for three years.
    (A) to die   (B) died
    (C) death   (D) dead

55. Tell me ------ you know about her.
    (A) that   (B) what
    (C) which   (D) who

56. He is a student who ------ near my house now.
    (A) live   (B) lives
    (C) lived   (D) living

57. A：Have you ever skated?
    B：No, I ------ have.
    (A) not   (B) never
    (C) once   (D) ever

58. This is the photograph ------ took when I was in Paris last year.
    (A) I   (B) that
    (C) which   (D) who

Answers

Drill 4 見直しの癖を身につける！

54. 答え (D)
解説 for ～で「継続」を表す現在完了形
「私の祖父は3年間死んでいる」と考える
訳文 私の祖父が亡くなって3年になる。

55. 答え (B)
解説 what は先行詞を含んだ関係代名詞
訳文 君が彼女について知っていることを教えてくれ。

56. 答え (B)
解説 関係代名詞 who（主格）の後ろには動詞がくる
訳文 彼は現在、私の家の近くに住んでいる学生だ。

57. 答え (B)
解説 経験用法の否定文はふつう not を使わない
訳文 A：君はスケートをしたことがありますか？
B：いいえ、ありません。

58. 答え (A)
解説 関係代名詞の目的格 which が省略されている文
訳文 これは私が去年パリにいた時に撮った写真だ。

Questions

59. He ------ my advice and didn't go there.
 (A) kept
 (B) took
 (C) put
 (D) set

60. How long have you ------ in Japan?
 (A) live
 (B) living
 (C) lived
 (D) be living

61. I know a girl ------ aunt was an English teacher.
 (A) whom
 (B) that
 (C) whose
 (D) who

62. The little dog was ------ to my house two weeks ago.
 (A) brought
 (B) glad
 (C) sitting
 (D) tired

63. My father speaks French ------ English.
 (A) as well as
 (B) both of
 (C) even if
 (D) such as

Answers

59. 答え (B)

解説 「忠告を受け入れる」は take を使う

訳文 彼は私の忠告を受け入れて、そこへ行かなかった。

60. 答え (C)

解説 How long ~ ?「どのくらい長い間~?」

訳文 あなたは日本にどのくらい住んでいますか?

61. 答え (C)

解説 I know a girl. ＋ Her aunt was an English teacher. 所有格の whose

訳文 おばさんが英語の先生だった少女を知っている。

62. 答え (A)

解説 「連れて来られた」という意味になる

訳文 その小犬は2週間前に私の家に連れて来られた。

63. 答え (A)

解説 A as well as B「BはもちろんAも」

訳文 私の父は英語はもちろんフランス語も話す。

Questions

64. Let it ------ done!
 (A) have (B) is
 (C) be   (D) was

65. I want to do everything ------ help poor African people.
 (A) I can   (B) I can to
 (C) that   (D) that I should

66. I feel ill. I think I'll ------ for a while.
 (A) lie down   (B) lay down
 (C) lay on   (D) laid down

67. This desk is made ------ wood.
 (A) of   (B) from
 (C) with   (D) by

68. You had better use ------ to watch the moon.
 (A) a microscope (B) a mirror
 (C) sunglasses   (D) a telescope

Answers

64. 答え (C)
解説 Let it be done!（命令文の受動態）= Do it!
訳文 それをやりなさい。

65. 答え (B)
解説 that I can (do) to 〜と do が省略されている
訳文 私はアフリカの貧しい人々を助けるために、自分のできるあらゆることをしたい。

66. 答え (A)
解説 lie「横たわる」-lay-lain
lay「横たえる」-laid-laid
訳文 気分が悪い。少しの間、横になろうと思う。

67. 答え (A)
解説 wood は材料。材料を表す時は be made of 〜
訳文 この机は木で作られている。

68. 答え (D)
解説 scope「（知力、研究、活動などの）範囲」
tel- → tele-「遠い」→ telescope「望遠鏡」
micro-「小、微」→ microscope「顕微鏡」
訳文 月を見るためには、望遠鏡を使ったほうがいい。

Questions

69. He was the first man ------ came to our party.
 (A) whom (B) which
 (C) that (D) what

70. I have never ------ such a pretty bird.
 (A) see (B) seen
 (C) saw (D) seeing

71. The baby elephant, ------ was hungry, ate nothing.
 (A) that (B) which
 (C) when (D) what

72. If you catch a thief, you will call the ------.
 (A) carpenter (B) police
 (C) firefighter (D) doctor

73. Have you ever ------ to America?
 (A) been (B) gone
 (C) went (D) go

Answers

69. 答え (C)
解説 the first が先行詞で限定されているので、関係代名詞は that
訳文 彼が私たちのパーティーに一番に来た。

70. 答え (B)
解説 see の過去分詞がくる
訳文 私はそのようなかわいい鳥を見たことがない。

71. 答え (B)
解説 非制限用法の which を用いる
「空腹だったけれども」の意味になる
訳文 その子象は、空腹だったけれども、何も食べなかった。

72. 答え (B)
解説 the police「警察」
いつでも the がつき、内容的には複数である
訳文 もしあなたが泥棒を捕まえたら、警察を呼ぶでしょう。

73. 答え (A)
解説 ever で経験なので、been がふつう
訳文 君はアメリカへ行ったことがありますか？

Questions

74. The apple was ------ by Jack.
 (A) eat (B) ate
 (C) eaten (D) eating

75. She ------ busy since this morning.
 (A) has been (B) is
 (C) was (D) will be

76. My brother wants a new car ------ has four doors.
 (A) which (B) whose
 (C) who (D) whom

77. A：How ------ have you lived here?
 B：For three years.
 (A) years (B) much
 (C) long (D) soon

Answers

74. 答え (C)

解説 受動態。eat-ate-eaten

訳文 そのリンゴはジャックに食べられた。

75. 答え (A)

解説 since ～に注目して現在完了形に

訳文 彼女は今朝からずっと忙しい。

76. 答え (A)

解説 My brother wants a new car. ＋ It （＝ The car) has four doors.
It が「物」で主格だから、which を選ぶ

訳文 私の弟は４ドアの車をほしがっている。

77. 答え (C)

解説 「３年間」が答えだから、「どれくらい長く」と尋ねる

訳文 A：君はここにどのくらい住んでいますか？
B：３年です。

Questions

78. Do you know that the original mozzarella cheese was made ------ the milk of water buffalo?
(A) by (B) from
(C) into (D) of

79. I couldn't ------ laughing at his joke.
(A) have (B) but
(C) without (D) help

80. I haven't written a letter to him ------.
(A) already (B) just
(C) yet (D) ever

81. They are fond of ------ tennis.
(A) play (B) playing
(C) played (D) to play

82. I was spoken ------ by a foreigner yesterday.
(A) to (B) with
(C) at (D) of

Answers

78. 答え (B)
解説 be made from ~「~から作られる」(原料)
訳文 君はオリジナルのモッツァレラ・チーズが水牛の乳から作られていたことを知っていますか？

79. 答え (D)
解説 cannot help ~ing「~せずにはいられない」
訳文 彼の冗談に笑わずにはいられなかった。

80. 答え (C)
解説 「まだ書いていない」で完了の否定
訳文 私は彼にまだ手紙を書いていない。

81. 答え (B)
解説 of の後だから~ing 形
訳文 彼らはテニスをするのが好きだ。

82. 答え (A)
解説 speak to ~は受動態になっても to が残る
訳文 私は昨日、外国人に話しかけられた。

Questions

83. A lady ------ I didn't know spoke to me at the station.
(A) which (B) what
(C) whose (D) whom

84. This bottle ------ milk.
(A) is filled of (B) is full of
(C) is crowd of (D) is tired of

85. This letter is ------ in English.
(A) write (B) wrote
(C) written (D) writing

86. I ------ the movie four times, if I see it once more.
(A) see (B) have seen
(C) will have seen (D) will see

87. The basket was filled ------ balls.
(A) of (B) with
(C) for (D) to

Answers

83. 答え (D)

解説 関係代名詞 whom（目的格）の後ろには主語がくる

訳文 知らない女性が駅で私に話しかけてきた。

84. 答え (D)

解説 be full of ～「～でいっぱいである」

訳文 このビンはミルクでいっぱいだ。

85. 答え (C)

解説 in English「英語で」

訳文 この手紙は英語で書かれている。

86. 答え (C)

解説 〈will have ＋過去分詞〉の形は「～したことになる」を表す未来完了形

訳文 その映画をもう1度見れば、4回見たことになる。

87. 答え (B)

解説 be filled with ～「～でいっぱいである」

訳文 そのバスケットにはボールがいっぱいに入っていた。

Questions

88. His name is known ------ everyone.
 (A) in (B) for
 (C) to (D) with

89. The sister of your mother is your ------.
 (A) cousin (B) sister
 (C) aunt (D) daughter

90. Some of the boys ------ have not come yet.
 (A) I invited (B) whose I invited
 (C) I invited them (D) who I invited them

91. ------ your brother sent a present to her?
 (A) Have (B) Has
 (C) Will (D) Does

92. Jules Verne wrote a book in ------ he talked about a travel to the moon.
 (A) that (B) whom
 (C) what (D) which

Answers

88. 答え (C)
解説 be known to ~「~に知られている」
訳文 彼の名前は皆に知られている。

89. 答え (C)
解説 「母の姉[妹]」は「おば」
訳文 君のお母さんの姉[妹]は君のおばさんです。

90. 答え (A)
解説 who(m) I invited がないので、関係代名詞が省略されたものを選ぶ
訳文 私が招待した少年の中には、まだ来ていない者もいる。

91. 答え (B)
解説 sent は過去分詞
訳文 あなたの弟さんは彼女にプレゼントを贈ったのですか？

92. 答え (D)
解説 a book in which ~「その中で~した本」
訳文 ジュール・ヴェルヌは月旅行について述べた本を書いた。

Questions

93. She ------ sick in bed since last night.
- (A) is
- (B) was
- (C) have been
- (D) has been

94. My father has ------ to America many times.
- (A) be
- (B) been
- (C) stayed
- (D) lived

95. This is the house ------ he was born.
- (A) which
- (B) what
- (C) where
- (D) that

96. The mother worked hard for her children ------.
- (A) day after day
- (B) day to day
- (C) day before day
- (D) day on day

Answers

93. 答え (D)
解説 since ~「~以来」に着目する
訳文 彼女は昨夜からずっと病気で寝ている。

94. 答え (B)
解説 many times は現在完了形で「経験」を表す
訳文 私の父は何回もアメリカへ行ったことがある。

95. 答え (C)
解説 先行詞は the house（場所）なので、関係副詞 where がくる
訳文 これは彼が生まれた家です。

96. 答え (A)
解説 day after day「来る日も来る日も」
訳文 その母親は子供たちのために来る日も来る日も懸命に働いた。

Drill 5
最後のブラッシュ・アップ!

Column 英文法の基礎知識【副詞】

副詞は動詞、形容詞、副詞を修飾する。また、文全体を修飾することもある。語によって使い方がそれぞれ違うので、個々の副詞の使い方を覚えてしまうとよいだろう。副詞の形は様々だが、形容詞に -ly を付けるものや、形容詞とまったく同じ形のものも多い。

副詞にも比較級・最上級があり、形容詞と同じ変化をする。ただし、副詞の最上級には the を付けなくてもよい。

Final brush-up!

Questions

1. A：Where shall ------ put these glasses?
 B：Put them on the table, please.
 (A) I
 (B) you
 (C) he
 (D) they

2. I'll look ------ and correct your paper by the end of the day.
 (A) over
 (B) above
 (C) from
 (D) beyond

3. As ------ as I live, I will love you.
 (A) far
 (B) distant
 (C) long
 (D) soon

4. It is considered bad ------ for children to speak without being spoken to.
 (A) manner
 (B) manners
 (C) such manners
 (D) that manner

Answers

1. 答え (A)

解説 Shall I ~ ?「～しましょうか？」

訳文 A：これらのグラスをどこに置きましょうか？
B：テーブルの上に置いてください。

2. 答え (A)

解説 look over ~「～にざっと目を通す、～越しに見る、見渡す、～を大目に見る」

訳文 今日中にあなたのレポートを校閲するつもりです。

3. 答え (C)

解説 as long as ~「～する限り（期間）」
as far as ~「～だけ、限り（程度）」
cf. as far as I know「私の知る限り」

訳文 生きている限り、あなたを愛します。

4. 答え (B)

解説 manners「礼儀、作法」
cf manner（単数形）「方法、仕方」

訳文 子供が言葉をかけられていないのにものを言うのは、不作法だと考えられている。

Questions

5. I will keep it for you ------ Monday.
(A) till (B) by
(C) on (D) for

6. Boys and girls, ------ kind to any animal.
(A) are (B) be
(C) were (D) is

7. She ------ two hotels in Tokyo.
(A) goes (B) stays
(C) comes (D) runs

8. I've heard ------ that she's a tough businessperson.
(A) it said (B) it says
(C) it saying (D) it's been said

5. 答え (A)

解説 till「〜まで（ずっと）」

訳文 月曜日まで、あなたのためにそれをとっておきます。

6. 答え (B)

解説 コンマがあることに注意

Boys and girls は呼びかけ。したがって、命令文

訳文 みなさん、動物をかわいがりなさい。

7. 答え (D)

解説 run「経営する」

訳文 彼女は東京で2つのホテルを経営している。

8. 答え (A)

解説 hear it said「それが言われるのを聞く」

said は過去分詞。it は形式目的語で、that 以下が真の目的語

訳文 彼女はタフなビジネスパーソンだと言われているのを聞いている。

Questions

9. A : ------ do you call your dog?
B : I call my dog Pochi.
(A) Where (B) When
(C) What (D) Why

10. My cousin, Bill, is two years junior ------ me.
(A) after (B) than
(C) to (D) by

11. I wish you had reminded me ------ her.
(A) to call (B) of calling
(C) in calling (D) into calling

12. He is ------ to the young.
(A) know (B) knew
(C) known (D) knowing

13. Wine is made ------ grapes.
(A) with (B) into
(C) by (D) from

Answers

9. 答え (C)

解説 What do you call ～?「～を何と呼びますか？」

訳文 A：あなたの犬を何と呼びますか？
B：ポチと呼びます。

10. 答え (C)

解説 ラテン語に由来する形容詞 senior, junior, superior, inferior, prior などでは、「～よりも」の意味で than ではなく to を用いる

訳文 いとこのビルは私より2歳年下だ。

11. 答え (A)

解説 remind ＋ (人) ＋ to do「(人) に～することを気づかせる」

訳文 君が僕に、彼女へ電話することを気づかせてくれたらよかったのに。

12. 答え (C)

解説 be known to ～「～に知られている」

訳文 彼は若者に知られている。

13. 答え (D)

解説 材料の質が変化すると of でなく from を使う

訳文 ワインはぶどうからできる。

Questions

14. It is difficult to put the plan into ------.
(A) reality (B) truth
(C) movement (D) practice

15. I am ------ fond of reading.
(A) great (B) a lot
(C) very (D) such

16. You have visited Kyoto before, ------?
(A) did you (B) have you
(C) weren't you (D) haven't you

17. Jane can swim, and ------ can Tom.
(A) too (B) to
(C) so (D) such

18. Finish your homework, ------ you will be able to watch TV.
(A) because (B) or
(C) but (D) and

14. 答え (D)

解説 put ~ into practice「~を実行する」= carry out ~

訳文 その計画を実行するのは困難だ。

15. 答え (C)

解説 fond は形容詞なので、very によって修飾される

訳文 私は読書が大好きだ。

16. 答え (D)

解説 現在完了形の付加疑問には have, has を使う

訳文 君は以前、京都に行ったことがありますね？

17. 答え (C)

解説 肯定文 , and so ＋V＋S.「~だ、Sも~だ」

訳文 ジェインは泳げるし、トムも泳げる。

18. 答え (D)

解説 〈命令形＋and〉の形「~しなさい、そうすれば」

訳文 宿題を終わらせなさい、そうすればテレビを見られるでしょう。

Questions

19. The child learned to tell good ------ bad.
   (A) for
   (B) to
   (C) with
   (D) from

20. The bullet train travels ------ the speed of 250km an hour.
   (A) on
   (B) in
   (C) by
   (D) at

21. We have to go home before it ------.
   (A) will rain
   (B) won't rain
   (C) rains
   (D) doesn't rain

22. A：Thank you for coming to the party.
   B：It was ------.
   (A) please do
   (B) very fine
   (C) my pleasure
   (D) of course

23. Did he come ------ himself?
   (A) into
   (B) upon
   (C) from
   (D) to

Answers

19. 答え (D)

解説 tell A from B「AとBの区別をする」= distinguish A from B

訳文 その子供は善悪の区別ができるようになった。

20. 答え (D)

解説 at a/the speed of ～「～の速さで」。「程度・割合」の at

cf. at a rate of ～「～の割合で、～の速さで」

訳文 新幹線は時速250キロで走る。

21. 答え (C)

解説 before it rains「雨が降らないうちに」

訳文 私たちは雨が降らないうちに家へ帰らなければならない。

22. 答え (C)

解説 It was my pleasure.「どういたしまして」

訳文 A：パーティーに来てくれてありがとう。
B：どういたしまして。

23. 答え (D)

解説 come to oneself「正気にかえる」

訳文 彼は意識を取り戻しましたか？

Questions

24. Be sure to ------ us a line as soon as you get to London.
   (A) break   (B) hit
   (C) run   (D) drop

25. A：------ we play tennis after school?
   B：Yes, let's.
   (A) May   (B) Will
   (C) Must   (D) Shall

26. Dick and Tom went out ------ the room.
   (A) with   (B) among
   (C) of   (D) since

27. Great changes came ------ after the war.
   (A) into   (B) about
   (C) round (D) over

28. Cindy can't swim, and ------ can Luke.
   (A) either   (B) neither
   (C) so   (D) no

Answers

24. 答え (D)

解説 drop +（人）+ a line「（人）に一筆書き送る」

訳文 ロンドンに着いたら、必ずすぐに私たちに手紙をください。

25. 答え (D)

解説 Yes, let's.「はい、やりましょう」がヒントになる

訳文 A：放課後テニスをしましょうか？
B：ええ、やりましょう。

26. 答え (C)

解説 out of the room「部屋から外へ」

訳文 ディックとトムは部屋から外へ出た。

27. 答え (B)

解説 come about「起こる」= happen

訳文 戦後、大きな変化が起こった。

28. 答え (B)

解説 〈否定文 , and neither ＋ V ＋ S.〉「〜ない、Sも〜ない」

訳文 シンディーは泳げない、そしてルークも泳げない。

Questions

29. Take moderate ------ to keep in shape.
(A) exercise (B) sport
(C) food (D) time

30. Tokyo has a ------ population.
(A) large (B) many
(C) big (D) much

31. A：Will you have another cup of tea?
B：------ I've had enough.
(A) No, thank you. (B) You are welcome.
(C) All right. (D) Yes, I do.

32. He tried to do many things. But he didn't succeed ------ all.
(A) for (B) with
(C) after (D) of

33. We have never heard ------ such a rumor.
(A) of (B) from
(C) out (D) for

Answers

29. 答え (A)

解説 take (moderate) exercise「(適度の) 運動をする」

訳文 健康を保つために適度の運動をしなさい。

30. 答え (A)

解説 population, audience, salary, number などの「多い、少ない」は large, small で表す

訳文 東京は人口が多い。

31. 答え (A)

解説 another cup of ～「もう1杯の～」

訳文 A：お茶をもう1杯いかがですか？
B：いいえ、もう結構です。十分いただきました。

32. 答え (C)

解説 after all「結局、やはり」

訳文 彼は多くのことを試みた。しかし、結局成功しなかった。

33. 答え (A)

解説 hear of ～「～のこと (話・噂) を聞く」

訳文 私たちはそのような噂を聞いたことがない。

Questions

34. ------ you tell me the time, please?
(A) Shall   (B) Should
(C) Would   (D) May

35. You don't have to decide the matter at once. You can ------ it ------.
(A) run/over   (B) bring/over
(C) take/over   (D) think/over

36. After a long dry season people hoped ------.
(A) to rain   (B) for rain
(C) having rain (D) raining

37. It is important that people understand ------ other.
(A) any   (B) each
(C) some   (D) two

38. Mike is ------ than he used to be.
(A) much happier (B) more happy
(C) happiest   (D) very happier

228

Answers

34. 答え (C)

解説 Would you ～? は Will you ～? の丁寧（ていねい）な言い方

訳文 時間を教えてくださいませんか？

35. 答え (D)

解説 think over ～「～を熟考する」

訳文 君はその問題をすぐ決める必要はない。熟考したらいい。

36. 答え (B)

解説 hope for ～「～を望む」

訳文 長い乾季の後、人々は雨を望んでいた。

37. 答え (B)

解説 each other「（2者以上の間で）お互いに」
one another「（3者以上の間で）お互いに」

訳文 人々がお互いを理解することが大切です。

38. 答え (A)

解説 much ＋比較級＋ than ～「～よりずっと…」
比較級を強める much

訳文 マイクは前よりずっと幸せだ。

Questions

39. ------ I have to go to see the doctor right now?
　　(A) Am　　　　　(B) Do
　　(C) Should　　　(D) Must

40. He is wrong ------ a sense.
　　(A) in　　　　　(B) on
　　(C) by　　　　　(D) for

41. The price of this house is a little ------.
　　(A) high　　　　(B) expensive
　　(C) tall　　　　 (D) lofty

42. A：May I use this telephone?
　　B：Yes, ------.
　　(A) please don't　(B) I won't
　　(C) my pleasure　(D) of course

Answers

39. 答え (B)

解説 have to ~「~しなければならない」
see the doctor「(その)医者に診てもらう」
right now「たった今、ただ今は、すぐに」

訳文 私はすぐに医者に診てもらわなければいけませんか?

40. 答え (A)

解説 in a sense「ある点[意味]で」

訳文 ある意味では彼は間違っている。

41. 答え (A)

解説 The price is high.「その値は高い」
The price is expensive. では「その値は値が高い」となり、「値」の概念が重複するので、expensive ではなく high を使う

訳文 この家の値段は少し高い。

42. 答え (D)

解説 Yes, of course.「はい、もちろんです」

訳文 A:電話をお借りしてよろしいですか?
B:はい、もちろんです。

Questions

43. My aunt's conversation always dwells ------ the past.
(A) over
(B) in
(C) on
(D) through

44. His composition is ------ from mistakes.
(A) free
(B) beyond
(C) far
(D) nothing

45. As ------ as I arrived at the station, it began to rain.
(A) far
(B) soon
(C) long
(D) often

46. I have something to ------ over with you.
(A) talk
(B) discuss
(C) speak
(D) tell

Answers

43. 答え (C)
解説 dwell on ~「~をくどくど話す、強調する」
訳文 私のおばはいつも過去のことをくどくどと話す。

44. 答え (A)
解説 be free from/of ~「~がない」
訳文 彼の作文にはミスがない。

45. 答え (B)
解説 ... as soon as ~「~するとすぐに…」
訳文 私が駅に着くとすぐに雨が降り出した。

46. 答え (A)
解説 talk +（事）+ over with +（人）「（人）と（事）について（十分）話し合う」
≒ discuss [speak about] +（事）+ with +（人）。
前置詞を必要とするか否かにとくに注意
訳文 あなたと話し合うべきことがあります。

Questions

47. I stayed ------ his family when I went to Kyoto last summer.
    (A) at   (B) to
    (C) for   (D) with

48. We started it again ------ after dinner.
    (A) very   (B) right
    (C) so   (D) such

49. I must ------ the book because I can't remember where I put it.
    (A) send for   (B) ask for
    (C) look for   (D) leave for

50. There were many difficulties in the ------ of his success.
    (A) way   (B) front
    (C) contrary   (D) enemy

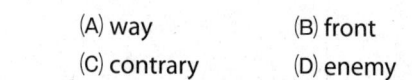

Answers

47. 答え (D)

解説 stay with ~「(人) の家に泊まる」
stay at ~「(ホテルなど) に泊まる」

訳文 私は去年の夏京都に行った時、彼の家に泊まりました。

48. 答え (B)

解説 right「すぐに、ちょうど」
right は、時や場所の前置詞、副詞の前に来てその意味を強める

訳文 夕食後、すぐに私たちはそれを再開した。

49. 答え (C)

解説 look for ~「~を捜す」

訳文 私は本をどこに置いたか思い出せないので、捜さなければならない。

50. 答え (A)

解説 in the way of ~「~の邪魔になって」

訳文 彼の成功には多くの困難が立ちはだかった。

Questions

51. She ------ talking even after I asked to stop.
 (A) put on (B) turned on
 (C) called on (D) kept on

52. When he ------ back, I'll go and see him with my brother.
 (A) will come (B) comes
 (C) came (D) come

53. My brother always talks ------ himself.
 (A) to (B) for
 (C) in (D) into

54. I ------ her to apply for the job.
 (A) afforded (B) encouraged
 (C) hoped (D) tried

Answers

51. 答え (D)
解説 keep on ～ing「～し続ける」
訳文 彼女は私がやめるように頼んだ後もしゃべり続けた。

52. 答え (B)
解説 when や if の節は未来のことでも現在形で表す
訳文 彼が戻ったら、私は弟と一緒に彼に会いに行きます。

53. 答え (A)
解説 talk to oneself「ひとり言を言う」
cf. say to oneself「自分に言い聞かせる、心の中で思う」
訳文 私の弟はよくひとり言を言う。

54. 答え (B)
解説 encourage ＋（人）＋ to do「～するよう（人）を励ます」
訳文 私はその職に応募することを彼女に勧めた。

Questions

55. She is familiar ------ this part of Japan.
 (A) to (B) in
 (C) with (D) of

56. First ------ all, I'll come to you.
 (A) of (B) in
 (C) from (D) *none of the others*

57. Do you know that many companies ------ bankrupt in our country?
 (A) went (B) took
 (C) made (D) had

58. She is a ------ teacher.
 (A) respectable (B) respective
 (C) respect (D) respectability

59. The parents seem ------ about the grades on the child's report card.
 (A) angry (B) angrily
 (C) to anger (D) to be anger

Answers

55. 答え (C)
解説 be familiar with ~「(人) が (人) と親しい、(人) が (物事) に精通している」
訳文 彼女は日本のこの地域をよく知っている。

56. 答え (A)
解説 first of all「まず第一に」
訳文 まず第一に、私が君のところに行く。

57. 答え (A)
解説 go bankrupt「破産する」
訳文 君は私たちの国で多くの会社が倒産したことを知っていますか?

58. 答え (A)
解説 respectable「尊敬に値する、立派な」、respective「それぞれの」、respectability「体面、世間体」
訳文 彼女は立派な先生だ。

59. 答え (A)
解説 seem ＋形容詞「～のように見える」
訳文 その両親は子供の成績通知票の点数に怒っているようだ。

Questions

60. She had to leave home ------ six o'clock every morning to go to school.
  (A) from (B) by
  (C) for   (D) till

61. He is, ------ to speak, a walking dictionary.
  (A) how (B) what
  (C) so   (D) not

62. Tom is the ------ best student in my class.
  (A) much (B) such
  (C) so   (D) very

63. A : I want to see Mr. Suzuki now.
  B : Oh, I'm sorry. You can't see him now. But I hope you ------ him soon.
  (A) saw   (B) will see
  (C) were seeing (D) have seen

64. It began to rain this morning, so I ------ refuge in a department store.
  (A) got   (B) took
  (C) did   (D) kept

Answers

60. 答え (B)
解説 by ~「~までに」と till ~「~まで」
訳文 彼女は学校へ行くために、毎朝6時までに家を出なければならなかった。

61. 答え (C)
解説 so to speak「言わば」= as it were
訳文 彼は言わば生き字引です。

62. 答え (D)
解説 the very ＋形容詞の最上級「まったく~、本当に~」
訳文 トムはまさにクラスでいちばん優れた生徒だ。

63. 答え (B)
解説 未来形が来る
訳文 A：鈴木さんに今、会いたいのですが。
B：すみません。今は彼に会えません。でもすぐに会えるといいですね。

64. 答え (B)
解説 take refuge in [at] ~「~に避難する」
take shelter「(風雨や危害から) 避難する」
訳文 今朝雨が降り出して、私はデパートに避難した。

Questions

65. My pride ------ me from borrowing money from him.
   (A) forced   (B) helped
   (C) prevented   (D) refused

66. A : Has school begun ------ ?
   B : No, not yet.
   (A) soon   (B) yet
   (C) that   (D) so

67. I happened to meet Hanako on the street ------ Christmas Eve.
   (A) at   (B) in
   (C) on   (D) by

68. Quarrels often break ------ in our neighborhood.
   (A) in   (B) out
   (C) up   (D) by

Answers

65. 答え (C)

解説 prevent ＋（人）＋ from ～ing「（人）に～させない」

keep, stop も同様の意味・文型で用いることに注意

訳文 私はプライドのため、彼からお金を借りることができなかった。

66. 答え (B)

解説 yet「〈疑問文で〉もう（単なる疑問）、〈否定文で〉まだ」

訳文 A：学校はもう始まったの？
B：いいえ、まだです。

67. 答え (C)

解説 on Christmas Eve「クリスマスイブの日に」

訳文 私はクリスマスイブの日に偶然、道で花子に会った。

68. 答え (B)

解説 break out「（戦争・暴動などが）起こる、勃発する」

訳文 私たちの近所でよくりんかが起こる。

Questions

69. We express our thoughts by ------ of words.
 (A) help (B) way
 (C) means (D) point

70. We have accomplished a great deal. Let's call it a ------.
 (A) finish (B) day
 (C) stop (D) last

71. They were ------ time for the last train.
 (A) within (B) under
 (C) in (D) by

72. We will go to the sea if it ------ fine tomorrow.
 (A) was (B) is
 (C) will be (D) were

73. Shall I call ------ later?
 (A) up (B) of
 (C) by (D) from

69. 答え (C)

解説 **by means of ～「～によって」**

cf. by way of ～「～経由で」、*by [with] the help of* ～「～の助けによって」

訳文 私たちは言葉によって思想を表現する。

70. 答え (B)

解説 **call it a day「(今日は) おしまいにする」**

訳文 たくさんのことをやった。仕事を切り上げよう。

71. 答え (C)

解説 **in time for ～「～に間に合って」⇔ late for ～「～に遅れて」**

訳文 彼らは終電に間に合った。

72. 答え (B)

解説 **if, till に続く節では、未来でも現在形を使う**

訳文 私たちは明日晴れなら、海へ行く。

73. 答え (A)

解説 **call up「電話する」**

訳文 後で電話しましょうか?

Questions

74. Everybody ------ tears when they heard the news.
 (A) came (B) gave
 (C) brought (D) shed

75. Hiroshima is ------ Osaka and Fukuoka.
 (A) among (B) between
 (C) by (D) from

76. He ------ in America five years ago.
 (A) has gone (B) is
 (C) was (D) has been

77. Cattle feed ------ grass.
 (A) with (B) out
 (C) by (D) on

78. Many kinds of flowers come ------ in May.
 (A) in (B) over
 (C) for (D) out

79. A：My mother is sick today.
 B：------ I hope she will get well soon.
 (A) It's too late. (B) It's so good.
 (C) That's fine. (D) That's too bad.

Answers

74. 答え (D)
解説 shed tears「涙を流す」
訳文 そのニュースを聞いて、みんな涙を流した。

75. 答え (B)
解説 between A and B「AとBの間に」
訳文 広島は大阪と福岡の間にある。

76. 答え (C)
解説 過去を表す副詞 ago があるので、動詞は過去形
訳文 彼は5年前にアメリカにいた。

77. 答え (D)
解説 feed on ~「(動物が) ~をえさとする」
訳文 牛は草を食べて生きる。

78. 答え (D)
解説 come out「出て来る」
訳文 5月にはたくさんの種類の花が咲く。

79. 答え (D)
解説 That's too bad.「それはいけませんね」
訳文 A：私の母は今日は気分が悪いんです。
B：それはいけませんね。早く治るといいですね。

Questions

80. She attended ------ a patient.
   (A) with
   (B) on
   (C) of
   (D) in

81. My sister began to cry as soon as she ------ home.
   (A) comes
   (B) came
   (C) has come
   (D) would come

82. Please look ------ this word in the dictionary.
   (A) into
   (B) up
   (C) in
   (D) out

83. You are always ------ my way.
   (A) in
   (B) out
   (C) against
   (D) of

84. There is an old saying, "A drowning man will catch ------ a straw."
   (A) for
   (B) to
   (C) on
   (D) at

Answers

80. 答え (B)
解説 attend on ~「~の看護をする、付き添う」
attend to ~「~に注意する」
訳文 彼女は患者さんの看護をした。

81. 答え (B)
解説 時制の一致
訳文 私の妹は家に帰るとすぐに泣き始めた。

82. 答え (B)
解説 look up ~「(辞書などで) ~を調べる」
訳文 どうぞその辞書でこの単語を調べてください。

83. 答え (A)
解説 in a person's way「(人) の邪魔になって」
訳文 君はいつも僕の邪魔をする。

84. 答え (D)
解説 catch at ~「~をつかもうと努力する」
訳文 「溺れる者はわらをもつかむ」という古い諺がある。

Questions

85. Have you finished it ------ ? I had no idea you'd be so quick.
(A) already
(B) yet
(C) that
(D) so

86. ------ does this camera cost?
(A) How many
(B) What money
(C) How much
(D) What

87. As there is ------ oil, use it carefully.
(A) little
(B) a little
(C) small
(D) a small

88. You must ------ your homework at once.
(A) make
(B) do
(C) get
(D) fill

85. 答え (A)

解説 already「〈肯定文で〉すでに、〈疑問文・否定文で〉もう (「そんなに早く」の意)」

訳文 君はもうそれをやってしまったのか？ そんなにすばやいとは知らなかった。

86. 答え (C)

解説 How much（値段を聞く疑問詞）

訳文 このカメラの値段はいくらですか？

87. 答え (A)

解説 little「ほとんどない」、a little「少しある」ともに不可算名詞に使う

訳文 石油はほとんどないのだから、注意して使いなさい。

88. 答え (B)

解説 do (one's) homework「宿題をする」

訳文 すぐに宿題をしなければいけません。

Questions

89. A computer is essentially an efficient means of processing ------.
 (A) informations
 (B) information
 (C) an information
 (D) the informations

90. Japan is famous ------ its beautiful scenery.
 (A) for
 (B) of
 (C) in
 (D) by

91. Please help yourself ------ tea.
 (A) beyond
 (B) over
 (C) for
 (D) to

92. A：Shall I bring you a dictionary?
 B：Yes, ------.
 (A) please do
 (B) my pleasure
 (C) here it is
 (D) no thank you

Answers

89. 答え (B)
解説 information(情報)は不可算名詞なので複数の -s はつかず、不定冠詞の an もつかない
数える時には two pieces of information(2つの情報)のようにする
訳文 コンピュータは本質的には情報を処理する効率のよい道具である。

90. 答え (A)
解説 be famous for ～「～で有名である」
訳文 日本は美しい風景で有名です。

91. 答え (D)
解説 help oneself to ～「～を勝手にとる」
訳文 お茶をご自由に召し上がってください。

92. 答え (A)
解説 Yes, please do.「はい、お願いします」
訳文 A:辞書をお持ちしましょうか?
B:はい、お願いします。

Questions

93. Who ------ your baby while you are away?
(A) runs after
(B) looks after
(C) asks after
(D) calls after

94. I'm afraid ------ I can't come to the party.
(A) about
(B) of
(C) if
(D) that

95. I could not make myself ------.
(A) understand
(B) to understand
(C) understood
(D) to understand

96. I will not give ------ hope, though I am sick.
(A) in
(B) over
(C) from
(D) up

97. You can make use ------ my room.
(A) for
(B) with
(C) from
(D) of

93. 答え (B)

解説 look after ~「~の世話をする」

訳文 あなたが留守の間、誰が赤ちゃんの世話をするの？

94. 答え (D)

解説 「that 以下という事実を恐れる、希望する」のように事実としてとらえる時は that を使う

訳文 私はそのパーティーに出席できないかもしれない。

95. 答え (C)

解説 make oneself understood「自分の言葉を人にわからせる」

訳文 私は自分を理解してもらうことができなかった。

96. 答え (D)

解説 give up ~「~をあきらめる」

訳文 病気だけれど、私は希望を捨てない。

97. 答え (D)

解説 make use of ~「~を利用する」

cf. make the most of ~「~をできるだけ利用する」

訳文 君は私の部屋を利用してもいい。

Questions

98. This picture ------ my happy school days.
 (A) was remembered of
 (B) remembers me of
 (C) reminds me of
 (D) was reminded me of

99. A : ------ did your father go to Fukuoka?
 B : By plane.
 (A) What   (B) When
 (C) Which   (D) How

100. A : Will your father come home soon?
 B : No, he ------.
 (A) doesn't (B) isn't
 (C) mustn't (D) won't

101. You had better not go out. It looks ------.
 (A) like to rain   (B) like rainy
 (C) like rain   (D) to like rain

Answers

98. 答え (C)

解説 remind ＋（人）＋ of ～「（人）に～を思い出させる」

訳文 この写真を見ると、楽しい学生生活を思い出す。

99. 答え (D)

解説 「手段」を尋ねている

訳文 A：あなたのお父さんはどのようにして福岡に行ったのですか？
B：飛行機です。

100. 答え (D)

解説 won't ＝ will not

訳文 A：お父さんはすぐ帰ってきますか？
B：いいえ、すぐには帰りません。

101. 答え (C)

解説 look like ＋名詞「～になりそうだ」

訳文 外出しないほうがいい。雨が降りそうだ。

Questions

102. He felt his ------ out of the room.
(A) step
(B) road
(C) way
(D) walk

103. One day last year, I ------ downstairs.
(A) used to fall
(B) was falling
(C) fell
(D) have fallen

104. Any book will ------, as long as it is interesting.
(A) bring
(B) do
(C) come
(D) read

105. She must ------ a speech next week in the class.
(A) make
(B) do
(C) put
(D) get

Answers

102. 答え (C)

解説 feel one's way「手探りで進む」

cf. make one's way「困難を排して進む」、*fight one's way*「戦って進む」、*push one's way*「押しのけて進む」、*elbow one's way*「ひじで押しのけて進む」

訳文 彼は手探りで部屋から出た。

103. 答え (C)

解説 過去の事実だけを述べるので、(C)の fell が最も適切

訳文 去年のある日、私は階下に落ちた。

104. 答え (B)

解説 will/would do「間に合う、役に立つ」

訳文 おもしろければ、どんな本でも結構だ。

105. 答え (A)

解説 make a speech「演説をする」

訳文 彼女は来週教室で演説をしなければならない。

Questions

106. A：May I use your dictionary?
B：Sure, ------.
(A) there it goes (B) here I go
(C) here you go (D) there they go

107. He felt like ------ the window.
(A) clean (B) cleans
(C) cleaned (D) cleaning

108. I caught him by ------.
(A) hands (B) hand
(C) my hands (D) the hand

109. This table is made ------ wood.
(A) from (B) of
(C) into (D) off

106. 答え (C)

解説 here you go「はい、どうぞ」= here you are。相手が求めているものを手渡す時に用いる決まり文句

訳文 A：辞書を貸してもらえますか？
B：もちろん、はい、どうぞ。

107. 答え (D)

解説 feel like ~ing「~したい気持ちになる」

訳文 彼は窓ふきをしたい気持ちになった。

108. 答え (D)

解説 catch [take, seize] +（人）+ by the hand「（人）の手を捕まえる」

cf. He hit me on the head.（彼は私の頭をぶった）
She looked me in the face [the eye(s)].（彼女は私の顔［目］をじっと見つめた）

訳文 私は彼の手を捕まえた。

109. 答え (B)

解説 A is made of B「AはB（材料）から作られている」

訳文 このテーブルは木でできている。

Questions

110. She has given ------ to her father's views.
(A) up
(B) on
(C) in
(D) through

111. Bob was looking ------ his cap in the classroom.
(A) for
(B) till
(C) of
(D) along

112. My mother always says to me, "You should try to do your homework ------."
(A) yourself
(B) yourselves
(C) myself
(D) ourselves

113. If there is a lot of traffic in the streets, they say in English that the traffic is ------.
(A) big
(B) heavy
(C) large
(D) hard

114. Let's discuss (   ) the matter.
(A) about
(B) on
(C) with
(D) *none of the others*

Answers

110. 答え (C)

解説 give in to ~ 「~に屈服する」= yield to ~

訳文 彼女は父親の考えに従った。

111. 答え (A)

解説 look for ~ 「~を捜す」

訳文 ボブは教室の中で帽子を捜していた。

112. 答え (A)

解説 yourself 「自分自身の力で」

訳文 私の母はいつも私に「宿題を自分自身でやろうと努力しなさい」と言う。

113. 答え (B)

解説 traffic の量の「多い、少ない」は heavy, light で表す

訳文 通りの交通量が多いことを、英語では The traffic is heavy. と言う。

114. 答え (D)

解説 日本語にひかれて about や on を用いない

訳文 その件について話し合おう。

Questions

115. A：Don't you know his address?
B：------, I do.
(A) Yes   (B) No
(C) Little   (D) A little

116. ------ you please show me your dictionary?
(A) Will   (B) Shall
(C) Should   (D) Do

117. You must finish this work ------ five o'clock.
(A) till   (B) for
(C) to   (D) by

118. Everybody blames me ------ my careless mistake.
(A) on   (B) with
(C) to   (D) for

115. 答え (A)

解説 否定の疑問文に対して「いいえ（知っている）」は Yes で答える
Yes の後には肯定文が続く

訳文 A：彼の住所を知らないのか？
B：いや、知っているよ。

116. 答え (A)

解説 Will you ～ ?「～してくださいませんか？」

訳文 あなたの辞書を見せてくださいませんか？

117. 答え (D)

解説 by five o'clock「5時までに」
動作・状態の完了する時点を表す

訳文 この仕事を5時までに終わらせなさい。

118. 答え (D)

解説 blame ＋（人）＋ for ＋（事）「（人）を（事）のために非難する」

cf. He blamed me for the failure.（彼はその失敗を私のせいにした）＝ *He blamed the failure on me.*

訳文 私の不注意なミスのため、皆が私を非難している。

Questions

119. Finish your homework before Mother ------ back.
- (A) will come
- (B) come
- (C) comes
- (D) is coming

120. My children are not allowed to ------ matches.
- (A) touch
- (B) make
- (C) do
- (D) strike

121. The town has a population of ------ 50, 000 people.
- (A) near
- (B) nearly
- (C) so
- (D) such

122. He entered ------ the room.
- (A) through
- (B) in
- (C) into
- (D) *none of the others*

123. He ------ his mind to become a teacher.
- (A) showed up
- (B) thought up
- (C) looked up
- (D) made up

Answers

119. 答え (C)
解説 未来を表す副詞節は現在形で
訳文 お母さんが帰る前に宿題を終わらせておきなさい。

120. 答え (D)
解説 strike a match「マッチをする」
訳文 私の子供たちはマッチを使うことを許されていない。

121. 答え (B)
解説 nearly ＋数「～近く、ほとんど～」
訳文 この町には5万人近くの人口がある。

122. 答え (D)
解説 enter ～「(場所)に入る」= come into ～
訳文 彼はその部屋に入った。

123. 答え (D)
解説 make up one's mind「決心をする」
訳文 彼は教師になる決心をした。

Questions

124. How many eggs does this hen ------ a week?
　(A) bear　　(B) give
　(C) lay　　(D) find

125. I shook ------ with him.
　(A) hand　　(B) hands
　(C) a hand　　(D) the hand

126. She put her thoughts ------ on paper.
　(A) in　　(B) down
　(C) over　　(D) into

127. Where does Mr. Green come ------?
　(A) into　　(B) around
　(C) about　　(D) from

128. Hurry up, ------.
　(A) or we will be in time
　(B) and we will be late
　(C) or we will be late
　(D) but we will be in time

Answers

124. 答え (C)
解説 lay an egg「卵を産む」
訳文 このにわとりは1週間にいくつ卵を産みますか?

125. 答え (B)
解説 shake hands with ～「～と握手する」。hand は複数形にする
訳文 私は彼と握手した。

126. 答え (B)
解説 put ～ down「～を書きとめる」
訳文 彼女は彼女の考えを紙に書きとめておいた。

127. 答え (D)
解説 come from ～「～の出身である」
訳文 グリーンさんはどこの出身ですか?

128. 答え (C)
解説 「さもないと」は or で表す
訳文 急いで、さもないと遅れるぞ。

Questions

129. The basket is full ------ apples.
   (A) in (B) for
   (C) of (D) from

130. A：Shall I bring the newspaper to you?
   B：Yes. ------ bring it to me.
   (A) Please (B) Let's
   (C) Don't   (D) You won't

131. Attend ------ what your father says.
   (A) to (B) of
   (C) in (D) *none of the others*

132. I forgot at what station I should change ------.
   (A) train   (B) trains
   (C) a train (D) the train

133. He looks just ------ his father.
   (A) by   (B) like
   (C) with (D) likely

270

Answers

129. 答え (C)

解説 be full of ～「～でいっぱいだ」

訳文 そのバスケットはリンゴでいっぱいだ。

130. 答え (A)

解説 Shall I ～?「～しましょうか?」と言っているのだから、Bは「はい、お願いします」となる

訳文 A:新聞をお持ちしましょうか?
B:はい。持って来てください。

131. 答え (A)

解説 attend to ～「～に注意する」

訳文 君のお父さんの言うことを注意して聞きなさい。

132. 答え (B)

解説 change trains「電車を乗り換える」。train は複数形にする

訳文 何駅で乗り換えたらいいのか忘れた。

133. 答え (B)

解説 look like ～「～のように見える」

訳文 彼はまったく父親にそっくりだ。

Questions

134. The snow continued for ten ------ days.
(A) succession (B) successful
(C) success (D) successive

135. I'd like to ------ the room for 600 dallors a month.
(A) borrow (B) rent
(C) make (D) let

136. What is latex made ------?
(A) of (B) by
(C) in (D) from

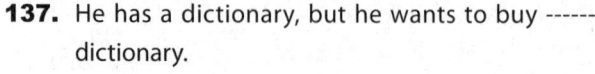

137. He has a dictionary, but he wants to buy ------ dictionary.
(A) a (B) the
(C) another (D) the other

Answers

134. 答え (D)
解説 succeed「続く」、successive「継続した」、succession「継続」
succeed「成功する」、successful「成功した」、success「成功」
訳文 雪は10日間続いて降った。

135. 答え (B)
解説 rent「(有料で) 借りる」
borrow「(無料で) 借りる」は使えない
訳文 月600ドルでその部屋を借りたいのですが。

136. 答え (D)
解説 原料を表す時は be made from ～
材料を表す時は be made of ～
訳文 ラテックスの原料は何ですか？

137. 答え (C)
解説 another「もう1つ別の」
訳文 彼は辞書を1冊持っているが、もう1冊別の辞書を買いたがっている。

Questions

138. U.S. stands ------ the United States.
(A) out (B) for
(C) of   (D) over

139. I came here ------ plane.
(A) on   (B) in
(C) with (D) by

140. I didn't take part in the game yesterday, ------ I didn't feel well.
(A) but (B) and
(C) for (D) or

141. I ------ a book in the bus.
(A) forgot (B) dropped
(C) let   (D) left

142. He will leave ------ Hawaii next Sunday.
(A) of (B) in
(C) to (D) for

Answers

138. 答え (B)
解説 stand for ~「~を表す」
訳文 U.S. はアメリカ合衆国を表す。

139. 答え (D)
解説 by plane「飛行機で」
by ~は手段を表す
訳文 私は飛行機でここに来た。

140. 答え (C)
解説 for は理由を付加する時に用いる
take part in ~「~に参加する」
訳文 私は昨日の試合に参加しなかった、気分が悪かったので。

141. 答え (D)
解説 leave A in B「AをBに置き忘れる」
訳文 私はそのバスに本を置き忘れた。

142. 答え (D)
解説 leave for ~「~に向けて出発する」
訳文 彼は今度の日曜日にハワイへ出発するつもりだ。

Questions

143. Will this medicine really do me ------ ?
 (A) any good (B) goods
 (C) the good (D) the goods

144. This hat is too small for me. Show me ------.
 (A) one (B) other
 (C) another (D) any

145. Her working day ------ only four hours, from eight in the morning till noon.
 (A) ends (B) lasts
 (C) endures (D) measures

146. He looks ------ than Bill.
 (A) young (B) very young
 (C) younger (D) the youngest

Answers

143. 答え (A)
解説 do ～ good [harm]「～に利益 [害] を与える」
= do good [harm] to ～
cf. goods「商品」

訳文 この薬は本当に私の体にいいのですか？

144. 答え (C)
解説 another「もう1つ別のもの」

訳文 この帽子は私には小さすぎます。もう1つ別のものを見せてください。

145. 答え (B)
解説 last (for) ＋ (時間)「(その時間) 続く、持ちこたえる」

訳文 彼女の1日の労働時間はわずか4時間だけ、朝の8時から正午までである。

146. 答え (C)
解説 look ＋形容詞「～のように見える」
than があるので形容詞は比較級になる

訳文 彼はビルより若く見える。

Questions

147. Our school stands ------ in the center of the city.
(A) so
(B) rightly
(C) right
(D) such

148. A : I hear you and my children are good friends.
B : Yes. I often play with ------.
(A) it
(B) your
(C) them
(D) they

149. Jim worked on such a ------ salary that he found it difficult to support his family.
(A) cheap
(B) inexpensive
(C) low
(D) little

150. Brush your teeth ------ you go to bed.
(A) before
(B) since
(C) while
(D) after

Answers

147. 答え (C)
解説 right「ちょうど」。ここでは in the center ～を修飾
rightly「正しく、本当に」
訳文 私たちの学校は市のちょうど中心にある。

148. 答え (C)
解説 with の後は人称代名詞の目的格がくる
訳文 A：あなたとうちの子たちはよい友達だと聞いています。
B：はい。彼らとしばしば遊んでいます。

149. 答え (C)
解説 salary の「多い、少ない」は large, small のほかに high, low でも表す
work on a salary「給料をもらって働く」
訳文 ジムは薄給で働いていたので、家族を養っていくのは難しいと思った。

150. 答え (A)
解説 before you go to bed「寝る前に」
訳文 寝る前に歯をみがきなさい。

Questions

151. Be quiet ------ a while.
   (A) after
   (B) for
   (C) at
   (D) *none of the others*

152. The bank loaned me the money at six percent ------.
   (A) price
   (B) rate
   (C) interest
   (D) addition

153. He was brought ------ in a poor family.
   (A) from
   (B) on
   (C) up
   (D) by

154. He is looking ------ a house for rent.
   (A) against
   (B) by
   (C) for
   (D) over

Answers

151. 答え (B)
解説 for a while「しばらくの間」
訳文 しばらく静かにしていなさい。

152. 答え (C)
解説 interest「利子、利息」
訳文 銀行は私に6パーセントの利子で金を貸し付けてくれた。

153. 答え (C)
解説 bring up ～「(子供) を育てる」
訳文 彼は貧しい家で育てられた。

154. 答え (C)
解説 look for ～「～を探す」
訳文 彼は貸し家を探しています。

著者紹介
小池直己(こいけ　なおみ)
立教大学卒業、広島大学大学院修了。カリフォルニア大学ロサンゼルス校(UCLA)の客員研究員を経て、現在、就実大学人文科学部実践英語学科教授・同大学大学院教授。NHK教育テレビ講師も務める。
著書に、『英会話の基本表現100話』(岩波書店)、『放送英語と新聞英語の研究』『放送英語を教材とした英語教育の研究』(以上、北星堂書店)、『TOEIC®テスト4択トレーニング(イディオム編)』『TOEIC®テスト4択トレーニング(文法・語法編)』(以上、学習研究社)、『単語力アップ！　英語"語源"新辞典』(宝島社)、『TOEIC®テストの「決まり文句」』『TOEIC®テストの英文法』『TOEIC®テストの英単語』『TOEIC®テストの英熟語』『TOEIC®テストの基本英会話』『TOEIC®テストの定番イディオム』『間違えやすい「英単語」使い分け辞典』『「使える」英会話表現』、佐藤誠司氏との共著で『中学英語を5日間でやり直す本』『中学英語を5日間でやり直す本〈パワーアップ編〉』『高校英語を5日間でやり直す本』『英語力テスト1000』『英語力パズル』『英文法力テスト500』(以上、PHP文庫)などがある。
「放送英語の教育的効果に関する研究」で日本教育研究連合会より表彰を受ける。

この作品は、1997年6月にPHP研究所より刊行された『英文法を5日間で攻略する本』に新規原稿を加え、大幅に再編集した文庫オリジナル作品です。

PHP文庫	反復学習で得点力アップ！ 新TOEIC®テストの英文法ドリル

2007年7月18日　第1版第1刷

著　者	小　池　直　己
発行者	江　口　克　彦
発行所	ＰＨＰ研究所

東京本部　〒102-8331　千代田区三番町3番地10
　　　　　文庫出版部　☎03-3239-6259(編集)
　　　　　普及一部　☎03-3239-6233(販売)
京都本部　〒601-8411　京都市南区西九条北ノ内町11

PHP INTERFACE　　http://www.php.co.jp/

組　版	ＰＨＰエディターズ・グループ
印刷所 製本所	凸版印刷株式会社

ⒸNaomi Koike 2007 Printed in Japan
落丁・乱丁本の場合は弊社制作管理部(☎03-3239-6226)へご連絡下さい。
送料弊社負担にてお取り替えいたします。
ISBN978-4-569-66883-3

PHP文庫

町沢静夫 なぜ「いい人」は心を病むのか	宮部 修 文章をダメにする三つの条件	山崎房一 心がやすらぐ魔法のことば
松井今朝子 幕末あどれさん	宮部みゆき 初ものがたり	山崎房一 子どもを伸ばす魔法のことば
松澤佑次／安部能成／村村隆實他 監修 やさしい「がん」の教科書	運命の剣のきばしら	間違いだらけの健康常識 山田正二監修
駒沢伸泰	山田正二監修	
松田十刻 東条英機	宮脇 檀 男の生活の愉しみ	山田陽子 1週間で脚が細くなる本
松原惇子 「いい女」講座	向山洋一編 中学校の「英語」を完全攻略	八幡和郎 47都道府県うんちく事典
松下幸之助 物の見方 考え方	大鐘雅勝著 小学校の「算数」を5時間で攻略する本	唯川 恵 明日に一歩踏み出すために
松下幸之助 指導者の条件	石川裕人／遠藤真理子	唯川 恵 きっとあなたにできること
松下幸之助 決断の経営	向山洋一編 「向山式（勉強のコツ）」がよくわかる本	唯川 恵 わたしのためにできること
松下幸之助 社員稼業	山田彰著 「12時間の数学」全公式がよくわかる本	ゆうきゆう 「ひと言」で相手の心を動かす技術
松下幸之助 商売は真剣勝負	森本邦子 わが子が幼稚園に通うとき読む本	養老孟司 甲野善紀 自分の頭と身体で考える
松下幸之助 商売は無限にある	森本哲郎 ことばへの旅（上）（下）	読売新聞編集局 雑学新聞
松下幸之助 強運なくして成功なし	森本哲郎 戦争と人間	大阪編
松下幸之助 正道を一歩一歩	守屋 洋 中国古典一日一言	リック西尾 英語で1日すごしてみる
松下幸之助 道は無限にある	八坂裕子 好きな彼に言ってはいけない50のことば	竜崎 攻 真 昌幸
松下幸之助 商売心得帖	安岡正篤 活眼活学	鷲田小彌太 「やりたいこと」がわからない人たちへ
松下幸之助 経営心得帖	安岡正篤 論語に学ぶ	和田秀樹 受験は要領
松下幸之助 人生心得帖	八尋舜右 竹中半兵衛	和田秀樹 わが子を東大に導く勉強法
松下幸之助 素直な心になるために	山折哲雄 蓮如と信長	和田秀樹 受験本番に強くなる本
的川泰宣 宇宙は謎がいっぱい	ブライアン・L・ワイス 山川紘矢・亜希子訳 前世療法	和田秀樹 他人の10倍仕事を為す私の習慣
三浦行義 なぜか「面接に受かる人」の話し方	ブライアン・L・ワイス 山川紘矢・亜希子訳 魂の伴侶─ソウルメイト	渡辺和子 愛をこめて生きる
水上 勉 「般若心経」を読む	山﨑武也 一流の仕事術	渡辺和子 目に見えないけれど大切なもの

PHP文庫

- 中谷彰宏　「大人の女」のマナー
- 中谷彰宏　なぜ、あの人は「存在感」があるのか
- 中谷彰宏　人を動かせる人の50の小さな習慣
- 中谷彰宏　一日に24時間もあるじゃないか
- 中西　安　数字が苦手な人の経営分析
- 中西輝政　大英帝国衰亡史
- 中村昭雄／監修　図解　政府・国会・官僚のしくみ
- 造事務所／著
- 中村　晃児　玉　源太郎
- 中村祐輔／監修　遺伝子の謎を楽しむ本
- 中村幸昭　マグロは時速160キロで泳ぐ
- 中村　恵／著　知って得する！　速算術
- 阿邊恵一／編著
- 中山庸子　「夢ノート」のつくりかた
- 奈良井安　問題解決力がみるみる身につく本
- 西野武彦　「株のしくみ」がよくわかる本
- 西本万映子　「就職」に成功する文章術
- 日本博学倶楽部　「歴史」の意外な結末
- 日本博学倶楽部　「関東」と「関西」こんなに違う事典
- 日本博学倶楽部　雑　学　大　学
- 日本博学倶楽部　歴史の意外な「ウラ事情」
- 日本博学倶楽部　戦国武将・あの人の「その後」

- 日本博学倶楽部　幕末維新・あの人の「その後」
- 日本博学倶楽部　日露戦争・あの人の「その後」
- 野村敏雄　小早川隆景
- 野村敏雄　秋　山　好　古
- 葉治英哉　松　平　容　保
- 秦　郁彦／編　ゼロ戦20番勝負
- 服部英彦　「質問力」のある人が成功する
- 服部省吾　戦闘機の戦い方
- 服部隆幸　〈入門〉ワン・トゥ・ワン・マーケティング
- 花村奨　前　田　利　家
- バーバラ・コロロー／著　子どもに変化を起こす簡単な習慣
- 田栗美奈子／訳
- 羽生道英　伊　藤　博　文
- 浜尾　実　子供を伸ばす「言うダメにする」言葉
- 浜野卓也　黒　田　官　兵　衛
- 晴山陽一　TOEICテスト英単語ビッグバン速習法
- 半藤一利　レイテ沖海戦
- 半藤一利／秦　日本海軍　戦場の教訓
- 郁彦／横山恵一
- 半藤末利子　夏目家の糠みそ
- PHPエディターズ・　図解「パソコン入門」の入門
- グループ
- 日野原重明　いのちの器〈新装版〉

- 平井信義　親がすべきこと、してはいけないこと
- 平井信義　子どもを叱る前に読む本
- 平川陽一　世界遺産・封印されたミステリー
- 平川陽一　古代都市・封印されたミステリー
- 福井栄一　上　方　学
- 福島哲史　「書く力」が身につく本
- 福田　健　「交渉力」の基本が身につく本
- 藤井龍二　ロングセラー商品　誕生物語
- 藤原美智子　きれいへの77のレッスン
- 丹波義人〈改訂版〉
- 北條恒一　「プチ・ストレス」にこだわらない　株式会社のすべてがわかる本
- 保阪正康／監修
- 保阪正康　昭和史がわかる55のポイント
- 保阪正康　父が子に語る昭和史
- 星　亮一　浅　井　長　政
- 本間正人　「コーチング」に強くなる本
- 毎日新聞社／話のネタ
- マザー・テレサ／述　マザー・テレサ愛と祈りのことば
- ホセ・ルイス・ゴンザレス‐バラド／編
- 渡辺和子／訳
- ますいさくら　「できる男」「できない男」の見分け方
- ますいさくら　「できる男」の口説き方

PHP文庫

菅原万美 お嬢様ルール入門
スーザン・ベイアード 編/山川紘矢・亜希子 訳 聖なる知恵の言葉
鈴木秀子 9つの性格
世界博学倶楽部 「世界地理」なるほど雑学事典
関 裕二 大化改新の謎
関 裕二 壬申の乱の謎
瀬島龍三 大東亜戦争の実相
全国データ愛好会 47都道府県なんでもベスト10
曾野綾子 人は最期の日でさえやり直せる
大疑問研究会 大人の新常識520
太平洋戦争研究会 日本海軍がよくわかる事典
太平洋戦争研究会 日本陸軍がよくわかる事典
太平洋戦争研究会 日露戦争がよくわかる事典
多湖 輝 しつけの知恵
多賀一史 日本海軍艦艇ハンドブック
高嶋秀武 話のおもしろい人、つまらない人
高嶋幸広 話し方上手になる本
高嶋幸広 「話す力」が身につく本
高野澄 井伊直政
高橋安昭 会社の数字に強くなる本

高橋勝成 ゴルフ最短上達法
高橋克彦 風の陣［立志篇］
高宮和彦 監修 健康常識なるほど事典
財部誠一 夫たちはどうやって「ミドリと心理」ウラ読み事典
田口ランディ ミッドナイト・コール
田坂広志 仕事の思想
田島みるく 文/絵 「お子様」ってやつは
立石優 範 「出産」ってやつは
田中鳴舟 古典落語100席
田中澄江 「しつけ」の上手い親下手な親
谷口克広 目からウロコの戦国時代
谷沢永一 孫子・勝つために何をすべきか
渡部昇一
田原 絃 目からウロコのパット術
田原 絃 ゴルフ下手が治る本
田辺聖子 恋する罪びと
丹波 元 京都人と大阪人と神戸人
丹波 元 まるかじり礼儀作法

柘植久慶 日露戦争名将伝
デニス・スプラハリン／小谷啓子 訳 少々の手間できれいに暮らす
童門冬二 「情」の管理「知」の管理
童門冬二 上杉鷹山の経営学
童門冬二 男の論語（上）（下）
戸部民夫 「日本の神様」がよくわかる本
ドロシー・ローノルト／石井千春訳 子どもが育つ魔法の言葉
ドロシー・ローノルト／武者小路実昭訳 子どもが育つ魔法の言葉 for the Heart
中江克己 お江戸の意外な生活事情
中江克己 お江戸の地名の意外な由来
永崎一則 人はとほど彼ほど、ことほど鍛えられる
永崎一則 話し方をつけるコツ
中島道子 松平忠輝
中曽根康弘 永遠なれ、日本
石原慎太郎
中谷彰宏 入社3年目までに勝負がつく77の法則
中谷彰宏 なぜ彼女にオーラを感じるのか
中谷彰宏 自分で考える人が成功する
中谷彰宏 時間に強い人が成功する
中谷彰宏 大学時代にしなければならない50のこと
中谷彰宏 なぜあの人にまた会いたくなるのか

PHP文庫

樺 旦純　なごころ・男ごころがわかる心理テスト　　　　　　　　小池直己　TOEIC®テストの英単語

菊池道人　斎藤一　ディベートがうまくなる法　　　　　　　　　小池直己記　中学英語を5日間でやり直す本

北岡俊明　　　　　　　　　　　　　　　　　　　　　　　　　佐藤誠記

紀野一義 入江泰吉写真　仏像を観る　　　　　　　　　　　　　甲野善紀　武術の新・人間学

桐生操　世界史怖くて不思議なお話　　　　　　　　　　　　　甲野善紀　古武術からの発想

桐生操　王妃カトリーヌ・ド・メディチ　　　　　　　　　　　甲野善紀　古武術の体育 裏の体育

桐生操　王妃マルグリット・ド・ヴァロア　　　　　　　　　　郡順史佐々成政

楠木誠一郎　石原莞爾　　　　　　　　　　　　　　　　　　　心本舗　みんなのラクにする心理学

国司義彦 「30代の生き方」を本気で考える本　　　　　　　　　児嶋かよ子 監修　民法がよくわかる本

国司義彦 「40代の生き方」を本気で考える本　　　　　　　　　須藤亜希子　赤ちゃんの気持ちがわかる本

黒岩重吾　古代史の真相　　　　　　　　　　　　　　　　　　木幡健一　マーケティングの基本がわかる本

黒岩重吾　古代史を読み直す　　　　　　　　　　　　　　　　小林正博　小さな会社の社長学

黒鉄ヒロシ　新選組　　　　　　　　　　　　　　　　　　　　小巻泰之 監修　図解 日本経済のしくみ

黒鉄ヒロシ　坂本龍馬　　　　　　　　　　　　　　　　　　　造事務所　コリン・ターナー あなたにも奇跡を起こす

黒鉄ヒロシ　幕末暗殺　　　　　　　　　　　　　　　　　　　早野依子訳　小さな100の智恵

黒部亨　宇喜多直家　　　　　　　　　　　　　　　　　　　　近藤唯之　プロ野球 遅咲きの人間学

ケリー・グリーン／檜井浩一訳　なぜか「仕事がうまくいく人」の習慣　　今野紀雄 監修　「微分・積分」を楽しむ本

ケリー・グリーン／檜井浩一訳　だから「仕事がうまくいく人」の習慣　　財団法人 計量生活会館　知って安心！「脳」の健康常識

小池直己　TOEIC®テストの「決まり文句」　　　　　　　　　　斎藤茂太　逆境がプラスに変わる考え方

小池直己　TOEIC®テストの英文法　　　　　　　　　　　　　　斎藤茂太「なぜか人に好かれる人」の共通点

　　　　　　　　　　　　　　　　　　　　　　　　　　　　　齋藤孝　会議革命

酒井美意子　花のある女の子の育て方

堺屋太一　組織の盛衰

坂崎重盛　なぜこの人の周りに人が集まるのか

坂田信弘　ゴルフ進化論

阪本亮一　できる営業マンは客宿を話しているか

櫻井よし子　大人たちの失敗

佐治晴夫　宇宙の不思議

佐竹申伍　真田幸村

佐々淳行　危機管理のノウハウ PART①②③

佐藤勝彦 監修　「相対性理論」を楽しむ本

佐藤勝彦 監修　「量子論」を楽しむ本

佐藤よし子　英国スタイルの家事整理術

重松一義　江戸の犯罪白書

七田眞　子どもの知力を伸ばす300の知恵

芝豪　太公望

渋谷昌三　外見だけで人を判断する技術

司馬遼太郎　人間というもの

嶋津義忠　上杉鷹山

シルビア・ブラウン／リンジー・ハリソン／堤江実訳　あなたにも奇跡を起こすスピリチュアル・ノート

菅原明子　マイナスイオンの秘密

PHP文庫

逢坂 剛	鬼平が「うまい」と言った江戸の味
北原亞以子	大人のクイズ
逢沢 明	女性が好かれる9つの理由
赤羽建美	日本海軍に捧ぐ
阿川弘之	大人のエレガンス80のマナー
浅野裕子	「プラス思考の習慣」で道は開ける
阿奈靖雄	有効期限の過ぎた亭主・賞味期限の切れた女房
綾小路きみまろ	生きがいの本質
飯田史彦	人生の価値
飯田史彦	霧に消えた影
池波正太郎	信長と秀吉と家康
池波正太郎	さむらいの巣
池波正太郎	決裁書がおもしろいほどわかる本
石島洋一	抱かれる子をよい子に育てる
石田勝正	血液サラサラで、病気が治る！キレイになれる
石原結實	の作法
板坂 元男	稲盛和夫 成功の情熱―PASSION―
稲盛和夫 監修 池上重輔 著	図解！わかる！MBA稲盛和夫の哲学
梅津祐良 監修	仏像がよくわかる本
瓜生 中	

江口克彦	上司の哲学
江口克彦	鈴木敏文 経営を語る
江坂 彰	「21世紀型上司」はこうなる
エンサイクロネット	好感度アップさせる「その言いよう」
呉 善花	日本が嫌いな日本人へ
呉 善花	私は、いかにして「日本信徒」となったか
大原敬子	なぜか幸せになれる女の習慣
大原敬子	愛される人の1分30秒レッスン
岡倉徹志	イスラム世界がよくわかる本
岡崎久彦	小村寿太郎とその時代
岡崎久彦	吉田茂とその時代
小川由秋	真田幸隆
荻野洋一	世界遺産を歩こう
オグ・マンディーノ 菅 靖彦訳	この世で一番の奇跡
オグ・マンディーノ 菅 靖彦訳	この世で一番の贈り物
堀田朋美	エレガント・マナー講座
小栗かよ子	
尾崎哲夫	10時間で英語が話せる
尾崎哲夫	10時間で英語が読める
快適生活研究会	『料理』ワザあり事典
快適生活研究会	『冠婚葬祭』ワザあり事典

岳 真也	日本史「悪役」たちの言い分
笠巻勝利	仕事が嫌になったとき読む本
梶原一明	本田宗一郎が教えてくれた
陳 平	
風野真知雄	
加藤諦三	「やさしさ」と「冷たさ」の心理
加藤諦三	自分に気づく心理学
加藤諦三	「ねばり」と「もろさ」の心理学
加藤諦三	三人の人生の重荷をプラスにする人、マイナスにする人
金盛浦子	「つらい時」をしゃっちょこ立ちで読み解く方法
金森誠也 監修	30ポイントでクラウゼヴィッツ「戦争論」
加野厚志	本多平八郎忠勝
加野厚志	金平敬之助 ひと言のちがい
神川武利	秋山真之
狩野直禎	諸葛孔明
河合 敦	目からウロコの日本史
川北義則	人生、だから面白い
川口素生	「幕末維新」がわかるキーワード事典
川島令三 編著	鉄道なるほど雑学事典
樺 旦純	運がつかめる人 つかめない人